KB069106

마셜이 들려주는
# 시장과 가격 이야기

마셜이 들려주는
# 시장과 가격 이야기

김덕수 지음 · 남기영 그림

㈜자음과모음

우선 다른 곳에 사용될 용돈을 줄이고, 이 책을 기꺼이 선택해 준 여러분에게 책을 쓴 저자로서 먼저 감사의 마음을 전하고 싶습니다. 오프라인 서점이나 온라인 서점을 통해 이 책을 구입한 청소년 여러분의 선택이, 그리 멀지 않은 장래에 여러분의 인생을 바꿔놓은 가장 멋진 선택이 되었으면 하는 바람입니다.

우리가 배우게 될 경제학은 매우 논리적이고 치밀한 사고력을 요구하는 학문입니다. 따라서 단순 암기에 익숙한 학생들에게는 어렵고 따분한 과목으로 다가올 수도 있습니다. 하지만 이 책에서 배우고 익힐 경제 이론과 사례들의 대부분은 암기할 필요가 없는 것들입니다. 기본적인 의미와 현실에서의 적용 사례를 잘 이해하면, 제아무리 노력해도 쉽게 잊히지 않을 것입니다. 그것이 바로 경제 공부의 매력이지요.

이 책의 주인공이자 '현대 경제학의 아버지'로 불리는 앨프리드 마셜은 경제학에 대해서 '냉철한 두뇌와 따뜻한 심성'을 필요로 하는 학문이라고 말한 바 있습니다. 이것은 경제학이 우리 주위에 있는 가난한 이웃들의 경제 문제를 해결하는 데 앞장서야 한다는 것을 시사해 줍니다.

이 책은 우리가 매일같이 소비하는 재화와 서비스, 그리고 그것을 만드는 데 사용되는 생산 요소의 가격이 어떤 원리에 의해 결정되는지를 체계적으로 설명하기 위해서 집필되었습니다. 가격의 결정은 경제를 공부하는 데 빠져서는 안 될 중요한 주제이지요.

가격이 결정되려면 반드시 시장이 존재해야 합니다. 우리 주변에는 매우 다양한 시장이 존재하며, 시장마다 가격이 결정되는 원리가 서로 다릅니다. 이 책에서는 시장의 의미, 시장의 종류와 특성, 시장에 따른 서로 다른 가격 결정 원리 등을 친절하고 흥미진진하게 설명할 것입니다. 이 과정을 통해 여러분의 경제적 사고의 수준이 한 단계 더 성장하길 바라며, 마지막으로 경제 공부를 잘 할 수 있는 비결을 세 가지만 공개하겠습니다.

첫째, 이 책을 읽으며 끊임없이 '왜'라는 단어와 씨름하시길 바랍니다. 책이 설명해 주는 내용만을 단순 암기하는데 급급하면, 더 이상의 깊이 있는 경제적 사고를 할 수 없기 때문입니다. 예를 들어, '가격은 수요 곡선과 공급 곡선이 만나는 점에서 결정된다.'라는 경제 이론을 배웠다고 가정하겠습니다.

복잡한 것을 싫어하는 학생들은 그것만을 외우는 선에서 만족할 겁니다. 그러나 경제를 정말로 잘하는 학생들은 '왜 그럴까? 우리 주위를 살펴보면 반드시 그렇지 않은 경우도 꽤 있는데…….'라며 고개를 갸우뚱하고 고민을 할 것입니다. '우리 아빠는 매 주마다 한 번씩 재활용품(비닐, 패트병, 유리병, 신문지 등)을 대문 밖에다 내놓는데도 그것을 수거해 가는 사람들은 왜 그에 대한 대가를 지불하지 않는 걸까?'라며 이의를 제기할 수도 있겠지요.

둘째, 자신이 공부한 내용을 여러 번 숙지한 다음, 그것을 자신의 논리에 맞도록 깨끗하게 정리해 나가는 성실한 자세를 가져야 합니다. 이것은 여러분들이 책을 읽을 때 꼼꼼하게 정독해서 읽은 후에 자기 생각을 일목요연하게 정리해 나가는 습관을 가져달라는 주문입니다.

앞으로 열심히 공부해야 하는 여러분들에게 가장 큰 경쟁력은 어떠한 독서 노트를 만드는가, 그리고 그것을 얼마만큼 잘 활용하는가에 달려 있다고 해도 과언이 아닙니다.

셋째, 가능한 한, 여러분들은 긍정적인 자세, 객관적인 자세, 따뜻한 마음으로 우리 사회가 안고 있는 여러 가지 경제 문제들을 바라보면 좋겠습니다. 경제를 배우는 주된 목적이 우리 사회가 직면한 경제 문제의 해결에 있고, 여러분은 우리 사회를 이끌어 나갈 미래의 주인공이기 때문에 더욱 그런 자세가 필요하다고 생각합니다.

자! 그러면 지금부터 유쾌하고, 상쾌하고, 통쾌한 경제 여행을 떠나볼까요? 제가 앞장서서 여러분의 경제 여행을 안내하겠습니다.

김덕수

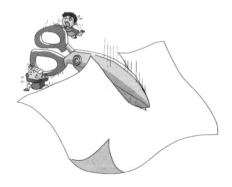

시장에서 판매하는 물건에는 대부분 가격이 표시되어 있는데, 이러한 가격은 수요량과 공급량이 일치하는 지점에서 결정된다. 이때의 가격을 균형 가격이라고 하고, 거래량을 균형 거래량이라고 한다. 이렇게 시장에서는 가격에 따라 수요량과 공급량이 영향을 주고받으며 균형 가격으로 나아간다.

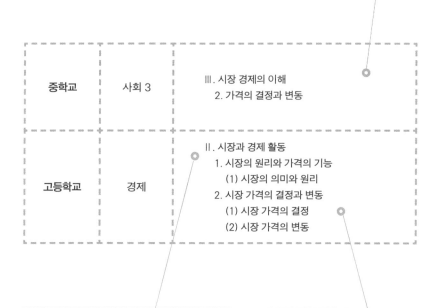

| 중학교 | 사회 3 | Ⅲ. 시장 경제의 이해<br>  2. 가격의 결정과 변동 |
| --- | --- | --- |
| 고등학교 | 경제 | Ⅱ. 시장과 경제 활동<br>  1. 시장의 원리와 가격의 기능<br>    (1) 시장의 의미와 원리<br>  2. 시장 가격의 결정과 변동<br>    (1) 시장 가격의 결정<br>    (2) 시장 가격의 변동 |

시장은 사고자 하는 사람과 팔고자 하는 사람이 재화와 서비스를 자유롭게 거래하기 위해서 서로 협상하는 모임을 말한다. 때문에 눈에 보이는 장소이든 그렇지 않은 곳이든 그곳을 통해서 자유로운 거래가 이루어진다면 시장이라고 볼 수 있다. 이러한 시장은 거래되는 상품의 종류에 따라 생산물 시장과 생산 요소 시장으로 구분된다. 그리고 경쟁의 형태에 따라서 경쟁 시장, 독점적 경쟁 시장, 과점 시장, 독점 시장 등으로 구분되기도 한다.

시장에서의 가격은 우하향하는 수요 곡선과 우상향하는 공급 곡선이 만나서 결정된다. 이처럼 시장에서 수요량과 공급량이 일치하는 상태를 균형 상태라고 한다. 그런데 시장 가격은 일시적으로 균형 가격보다 높거나 낮은 상태가 될 수가 있는데, 가격은 이러한 불균형의 문제를 자동적으로 해결하여 다시 균형을 유지한다.

| | 세계사 | 앨프리드 마셜 | 한국사 |
|---|---|---|---|
| 1842 | | 런던 버몬지 출생 | |
| 1846 | 영국에서 곡물 관세 폐지 자유 무역 도입 | | |
| 1865 | | 케임브리지 대학교 졸업 | |
| 1868 | | 모럴 사이언스 담당의 강사로 임명 | |
| 1876 | | | 강화도 조약 체결 |
| 1879 | | 『산업 경제학』 출간 | 지석영, 종두법 실시 |
| 1884 | 청·프랑스 전쟁 | | 갑신정변 |
| 1885 | 청·일, 텐진 조약 맺음 | 케임브리지 대학교 경제학 교수로 취임 | 배재 학당 설립 광혜원 설립 |
| 1890 | | 『경제학 원리』 출간 | |
| 1894 | 청·일 전쟁(~1895) | | |
| 1896 | 제1회 올림픽 대회 | | 아관 파천 독립 신문 발간 독립 협회 설립 |
| 1908 | | 케임브리지 대학교 교수직 스스로 물러남 | |
| 1919 | 베르사유 조약 5·4 운동 | 『산업 무역론』 출간 | 3·1 운동 대한 민국 임시 정부 수립 |
| 1923 | | 『화폐 신용 및 상업』 출간 | |
| 1924 | | 케임브리지 자택에서 사망 | |

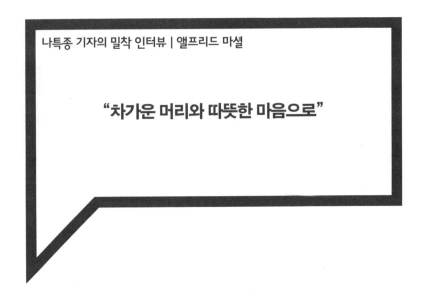

나특종 기자의 밀착 인터뷰 | 앨프리드 마셜

## "차가운 머리와 따뜻한 마음으로"

오늘은 고전학파 경제학을 근대화하여 신고전학파의 기틀을 마련하신 앨프리드 마셜 선생님을 이 자리에 모셨습니다. 그럼 수업에 앞서 마셜 선생님과 간단한 인터뷰를 진행하도록 하겠습니다.

안녕하세요, 나특종 기자입니다. 선생님과 인터뷰를 한다고 생각하니 시작부터 설레는데요, 간단한 인사 한 말씀 부탁드릴게요.

안녕하세요. 나는 여러분과 재미있는 경제학 수업을 함께 할 앨프리드 마셜이라고 합니다. 경제학에서 가격의 결정 원리를 밝힌 공로가 있는 만큼 오늘 수업도 그와 관련해서 진행할 예정이에요. 기대하셔도 좋습니다. 하하.

네. 감사합니다. 선생님 같은 위대한 경제학자가 나오기까지는 부모님의 역할도 컸을 것 같은데요, 어떠셨나요? 어린 시절의 이야기를 듣고 싶습니다.

나는 1842년, 잉글랜드 은행에서 은행원으로 일했던 아버지와 정육업자의 딸이었던 어머니 사이에서 태어났어요. 어린 시절에는 부모님, 특히 아버지께서 나에게 많은 관심을 쏟으셨어요. 하지만 나는 오히려 마음의 상처를 입은 날이 많았지요. 아버지께서는 내가 목사가 되길 간절히 바랐기 때문이에요.

그래서 나를 붙잡아두고 매일 밤 11시까지 어려운 히브리어와 라틴어를 공부시키곤 하셨답니다. 하지만 아버지의 기대와는 반대로 나는 수학을 좋아했고, 다양한 사회 문제에도 관심을 가지고 있었어요. 그래서 하기 싫은 히브리어와 라틴어 공부는 나에겐 너무 큰 고통이었지요. 나의 의사와 상관없는 아버지의 기대가 어린 마음에 큰 상처가 됐던 것 같아요.

수학을 몰래 공부하셨다는 이야기가 그래서 나온 거군요. 그럼 그런 어려움을 어떻게 극복하셨는지 궁금합니다.

아, 다행스럽게도 나에게는 내 마음을 이해해 주는 마음씨 착한 삼촌이 있었습니다. 어릴 적에는 여름 방학만 되면, 삼촌의 농장에 놀러가서 재미있는 시간을 보내기도 했지요. 그러면서 아버지에게 받았던 마음의 상처를 어느 정도 치유할 수 있었어요. 정말이지 나는 목사가 되고 싶지는 않았으니까요.

대학에서는 수학과 물리학을 전공하신 것으로 알고 있습니다. 대학 공부를 하는 것이 쉽지 않으셨을 텐데요?

네. 대학 공부를 하기 위해서는 많은 학비가 필요했지요. 그래서 어쩔 수 없이 오스트레일리아의 골드러시(gold rush) 때, 큰돈을 모은 삼촌에게 대학 학비를 보태달라고 말씀드렸습니다. 평소 나를 귀여워해 주셨던 삼촌은 내 부탁을 흔쾌히 들어주셨지요. 그 덕분에 나는 무사히 케임브리지 대학교에 입학할 수 있었어요. 그 밖의 부족한 생활비는 동료 학생들에게 수학을 가르쳐 주며 받은 돈으로 충당했답니다.

**골드러시**
새로운 금 산지를 발견하여 많은 노동자들이 그곳으로 대거 이주하던 현상을 말합니다.

**존 스튜어트 밀**
19세기 영국의 철학자이자 정치 경제학자로서, 스승이었던 벤담의 양적 공리주의와 구분되는 질적 공리주의 사상을 발전시켰으며, 자유주의와 사회 민주주의 정치사상의 발전에도 크게 기여했습니다.

**시지윅**
영국의 철학자이자 윤리학자로서 존 스튜어트 밀의 영향을 받아서 공리주의의 입장에 섰으나 칸트 철학을 도입하여 공리주의와 직관설의 통합을 시도했습니다.

성장 과정에서 삼촌의 도움이 컸던 것 같군요. 그럼 선생님이 세계적인 경제학자로 성공하는데 학문적으로 도움을 주신 분들이 있나요? 어떤 분들에게 영향을 받으셨는지 궁금합니다.

내가 케임브리지 대학교에서 공부할 때, 나에게 가장 큰 영향을 준 사람은 철학자 존 스튜어트 밀(John Stuart Mill)과 시지윅(Henry Sidgwick)이었습니다. 그들의 책을 통해서 경제적 관점으로 사회·윤리적인 문제를 냉철하게 바라보고 고민하게 되었어요. 더불어 방학 때마다 빈민 지역을 돌아다니면서 가난한 사람들이 겪는 고통과 절망을 직접 보고 느꼈습니다. 또한 어릴 적에 형성된 기독교적 윤리와 이상은 따뜻한 경제학을 연구하고자 했던 생각에 기폭제가 되었던 것 같아요. 그 이후부터 경제학 공부에 본격적으로 전념하기 시작했지요.

존 스튜어트 밀

그렇군요. 그럼 대학을 졸업하신 이후에는 어떤 활동
을 하셨나요?

대학을 졸업하고 1883년부터 1885년까지 발
리올 대학교와 옥스퍼드 대학교에서 연구원과 강
사로 활동했어요. 그리고 1885년부터 1908년까
지 케임브리지 대학교에서 정치 경제학 교수로서
수많은 제자들을 길러냈지요. 1885년 내가 케임
브리지 대학교에 교수로 취임하면서 했던 말은 지금까지도 많은 사
람들 사이에 널리 회자되고 있지요.

선생님의 명언을 이 자리에서 다시 한 번 들어보고 싶은데, 부탁드려도 될
까요?

하하, 좀 쑥스러운 기분도 들지만 청소년 여러분들의 꿈과 비전을
설계하는 데 도움이 되었으면 좋겠다는 생각에서 취임 연설의 일부
를 소개하겠습니다.

차가운 머리와 따뜻한 마음으로 사회와 투쟁하기 위해서 최선을 다
하고, 세련되고 숭고한 생활에 필요한 모든 물질적 수단을 개발하기
위해 전력을 바치겠다고 결심한 사람들이 있습니다. 강한 사람들의
위대한 어머니인 케임브리지 대학교가 이러한 사람들을 한 사람이

라도 더 많이 사회에 배출할 수 있도록 최선의 노력을 다하는 것이
내가 품고 있는 야망이며, 내 최고의 희망입니다.

감동적인 말씀 감사합니다. 많은 사람들이 선생님을 '현대 경제학의 아버지'
라고 이야기하는데요. 그 이유는 뭐라고 생각하십니까?

내가 그런 평가를 받게 된 것은 전적으로 이전의 경제학자들이
풀지 못한 고민거리를 새로운 관점에서 해결했기 때문이라고 생각

합니다. 나는 경제학도들조차 이해하기 어려운 수많은 경제 개념들, 이를테면 가치 이론, 효용 이론, 수요와 공급 이론의 통합, 부분 균형 이론, 시간이라는 경제 변수의 도입, 탄력성, 경제 지대의 문제를 대중화시키는 데 성공했습니다. 게다가 내가 집필했던 경제학 교과서인『경제학 원리(Principles of Economics)』가 많은 후배 경제학도들에게 널리 읽혔던 것도 내가 명성을 얻는 데 큰 기여를 했지요.

그렇군요. 그럼 마지막으로 선생님과 같은 따뜻한 경제학자를 꿈꾸는 많은 청소년들에게 한 말씀 부탁드립니다.

누가 뭐라고 해도 경제학은 냉철한 두뇌와 따뜻한 가슴을 가진 사람들이 공부하는 학문이라고 생각합니다. 그런만큼 여러분도 긍정적인 자세로 우리 사회를 따뜻하게 바라보면서 진실되고 정의롭게 살아가길 바랍니다. 그런 의미에서 나는 경제 공부를 하려는 여러분들을 사랑할 수밖에 없습니다. 이 강의가 끝날 때까지 그런 마음과 자세로 여러분들을 재미있는 경제학의 세계로 안내하겠습니다.

네. 좋은 말씀 감사합니다. 그럼 이것으로 마셜 선생님과의 인터뷰를 마치고 본격적인 수업에 들어가도록 하겠습니다. 지금까지 나특종 기자였습니다.

---

**부분 균형 이론**
다른 재화나 시장은 전혀 관계가 없다고 전제한 후, 어느 한 가지 종류의 재화나 시장에 대한 수요와 공급의 균형 조건을 밝히고 설명하는 이론을 말합니다.

**탄력성**
경제에서 원인이 되는 변수의 값이 1% 변할 때, 그 영향을 받는 변수가 몇 퍼센트나 변하는지를 나타내는 척도를 말합니다.

# 시 장 의    탄 생,
# 그 비밀을 밝혀라!

시장이란 일반적으로 소비자와 생산자가 만나서 가격에
대한 흥정을 하고, 그 과정을 통해 여러 가지 재화와 서
비스를 거래하는 장소를 말합니다. 그러면 시장은 어떻
게 생겨난 것일까요? 시장이 가지는 장점과 함께 시장의
의미에 대해 알아봅시다.

## 수능과 유명 대학교의 논술 연계

2011학년도 수능 경제 1번

성균관대 2011학년도 수시 논술 [인문 문항3]

## 시장의 의미

여러분은 시장이라고 하면 무엇이 제일 먼저 떠오르나요? 아마도 여러분의 뇌리에는 매일 등·하교 길에서 보는 문구점, 할인마트, 학원, 미용실, 약국, 꽃가게, 휴대폰 판매 대리점, 음식점 등이 떠오를 것입니다. 이런 종류의 시장에서는 우리가 직접 눈으로 상품을 살펴보고 구입할 수 있다는 특성이 있지요.

그런데 요즘에는 상품을 직접 확인해 볼 수 없는 상황에서 소비자와 생산자 간의 상호 신뢰에 기초해서 상품을 구입해야 하는 새로운 형태의 시장도 많이 있습니다. 앞으로는 이런 유형의 신종 시장들이 점점 더 많이 생겨날 것이라는 예측도 나오고 있어요. 그러면 새로운 유형의 시장으로는 어떤 것들이 있는지, 좀 더 자세히 살펴볼까요?

우선 온라인(on-line)을 통한 가상 공간에서 소비자와 생산자가

**아마존**
월가(街)의 펀드 매니저이던 제프 베조스(Jeff Bezos)가 설립한 세계 최초의 인터넷 서점이자 세계 최대의 종합 쇼핑몰입니다.

만나서 거래가 이루어지는 시장들이 대부분 이런 유형의 시장에 속한다고 볼 수 있습니다. 이를테면 아마존(Amazon)처럼 가상 공간을 통해 전 세계의 독자들에게 책을 파는 인터넷 서점이나 달러($)를 비롯한 외국 돈과 자국 화폐를 사고파는 외환 시장, 외국 증권과 자국 증권을 사고파는 증권 시장 등이 그 대표적인 사례입니다.

실제로 여러분이 해외여행을 떠날 때, 국내 금융 기관에서 우리나라 돈인 원화를 달러나 여행 국가의 화폐, 즉 일본의 엔화나 유럽 지역의 유로화, 중국의 위안화 등으로 환전했던 경험이 있을 것입니다. 이는 외환 시장에서 이루어지는 거래이지요.

**증권 회사**
기업의 증권 발행을 통한 자금 조달을 돕고, 투자자들이 증권 시장에서 증권을 매매하는 것을 대신해 주는 업무를 담당함으로써 증권 거래소와 함께 증권 시장을 형성하는 중추적 기관입니다.

**덤**
물건의 제 값어치 외에 조금 더 얹어서 주는 것입니다.

또 증권 시장에서는 미국인이 국내 증권 회사에서 삼성 전자 주식을 구입하고, 한국인이 미국 증권 시장에서 애플사 주식을 구입할 수 있어요. 이러한 외환 시장이나 증권 시장에서는 사고파는 사람들이 만나지 않아도, 금융 회사 직원이 단말기에 클릭 한 번 함으로써 엄청나게 큰 규모의 자금 거래가 순간적으로 이루어집니다.

때문에 온라인 시장에서는 시장 특유의 왁자지껄함도 존재하지 않고, 인간적인 대화와 '덤'을 놓고 벌이는 정감어린 흥정의 즐거움도 존재하지 않습니다. 온라인 시장에서 연상되는 상인의 모습은 빠른 손놀림으로 컴퓨터 키보드를 두드리며 전자 게임에 탐닉해 있는 것처럼 보이는 젊은이라고 말할 수 있습니다.

이처럼 시장의 영역은 우리의 눈으로 직접 확인 가능한 구체적인 장소로부터 온라인상에 이르기까지 매우 광범위합니다. 따라서 여러분들은 시장을 '상품을 사고파는 특정의 구체적인 장소'로 한정시키지 말고 그 외의 영역까지 확장시킬 줄 아는 여유를 가졌으면 좋겠습니다.

특히 미래의 주인공인 여러분은 시장을 폭넓게 해석하고, 균형 잡힌 안목으로 냉철하게 바라보는 지혜를 발휘해야 합니다. 왜냐하면 좁은 개념의 시장에 집착하면 할수록, 미래의 시장에서 우리가 얻을 수 있는 부(富)의 크기는 점점 더 작아질 것이 분명하기 때문입니다.

그렇다면 미래에 있어서 가장 큰 시장은 무엇일까요? 그것은 아마도 소비자의 마음일 가능성이 높습니다. 누가 먼저 소비자의 마음을 사로잡느냐에 따라 생산자 운명이 달리 결정될 것이기 때문이지요. 그래서 생산자는 어떻게 하면 소비자가 간절하게 원하는 상품을 다른 경쟁자보다 먼저 제공해서 감동시킬 것인가에 대해 진지하게 고민해야 합니다. 그것이 바로 미래 경쟁력의 원천이 될 테니까요.

## 물물 교환, 최고의 창작물

시장의 원조는 어떤 형태였을까요? 아마도 물물 교환이 시장의 원조라고 대답하는 사람이 많을 것입니다. 이때의 물물 교환이란, 자

시장은 눈에 보이는 구체적인 장소냐 아니냐에 상관없이 사고자 하는 사람과 팔고자 하는 사람이 재화와 서비스를 자유롭게 거래하기 위한 모임을 말합니다.

첫 번째 수업 | 시장의 탄생, 그 비밀을 밝혀라!  ◆  23

신이 필요로 하는 상품을 얻기 위해 돈을 사용하지 않고 자신이 가지고 있는 상품과 직접 교환하는 것을 의미합니다.

어느 누가 나에게 "인간이 만들어낸 것들 가운데 최고의 창작물이 무엇이냐?"라고 묻는다면, 나는 주저 없이 '물물 교환 제도'라고 대답할 것입니다. 그만큼 물물 교환은 자급자족 경제에 비해 매우 진일보하고 세련된 제도이기 때문이지요. 여기서 자급자족이란 일상생활에 필요한 모든 상품을 직접 생산한 다음, 스스로 소비하는 경제를 말합니다. 그에 반해 물물 교환 경제는 자신이 가장 잘 만들 수 있는 상품을 집중해서 생산하고 그것을 다른 상품으로 교환할 수 있다는 차이점이 있습니다. 경제학에서는 이것을 특화라고 정의하지요.

물물 교환 경제가 자급자족 경제보다 좋은 점은 각 경제 주체들 상호 간의 교환으로 각자가 보다 많은 상품을 소비할 수 있다는 것입니다. 그로 인해 경제 주체들의 삶은 자급자족할 때보다 한결 풍요로워졌지요. 인간이 만들어 낸 창작물 가운데 물물 교환 제도를 최고라고 간주하고 싶은 것도 그 때문입니다.

그럼에도 이 제도 역시 그 자체로 많은 한계점을 가지고 있습니다. 물물 교환이 제대로 이루어지려면, 무엇보다도 거래 당사자들 사이에 많은 노력과 고통이 따라야 하기 때문이지요. 이를 쉽게 설명하기 위해 '기찬, 동녘, 한울, 보람, 철수' 이렇게 5명의 경제 주체만으로 구성되어 있는 나라에 물물 교환만 존재한다고 가정하겠습니다. 그리고 각 경제 주체들은 자신이 가장 잘 만들 수 있는 놀이기구를 스스로 만들어서 사용한다고 합시다.

이때 남들보다 고무줄 새총을 많이 갖고 있는 반면, 인형을 전혀 갖고 있지 않은 기찬이가 물물 교환을 시도하려고 합니다. 기찬이가 물물 교환을 통해서 인형을 얻으려면, 고무줄 새총을 원하는 동시에 여분의 인형을 갖고 있는 사람을 찾아야 합니다. 물물 교환은 이해 당사자들 간에 상호 욕구와 협상 조건이 정확하게 일치하는 경우에만 거래가 이루어진다는 특성이 있기 때문이지요.

우선 기찬이는 가장 가까운 곳에 사는 동녘이한테 가서 "혹시 고무줄 새총과 인형을 맞바꿀 의향이 있니?"라고 물어볼 것입니다. 그때, 동녘이가 "좋아. 그렇게 하자."라고 대답하면, 기찬이와 동녘이 사이에는 고무줄 새총과 인형을 맞바꾸는 물물 교환이 성사될 것입니다.

그러나 동녘이가 "나는 인형을 갖고 있긴 하지만, 고무줄 새총은 필요 없어."라든가 "나는 너의 고무줄 새총과 맞바꿀 인형이 없어." 라고 대답한다면 어떻게 될까요? 기찬이와 동녘이의 물물 교환은 성사될 수 없을 것입니다. 그때부터 물물 교환을 위한 기찬이의 고단한 여정이 다시 시작될 수밖에 없지요.

기찬이는 다른 경제 주체인 한울, 보람, 철수를 일일이 찾아다니면서 동녘이에게 했던 질문을 반복적으로 던지고 그들의 의사를 조심스럽게 물어봐야 합니다. 운 좋게도 그들 가운데 어느 한 사람이 기찬이의 고무줄 새총과 자신의 인형을 맞바꿀 의향이 있다면, 그 자리에서 물물 교환은 이루어지겠지요.

그러나 그들 가운데 어느 누구도 기찬이의 고무줄 새총을 원하지

**다리품**
길을 걷는 데 드는 노력을 말합
니다.

않거나 여분의 인형을 갖고 있지 않는 경우에는 물물
교환 자체가 불가능합니다. 하루 온종일 다리품을 팔고
도 자신이 원하는 인형을 구하지 못한 기찬이를 한번
생각해 보십시오. 모르긴 해도 물물 교환에 실패한 기찬이는 극심한
절망감과 허망한 기분에 사로잡히게 될 것입니다. 이렇게 물물 교환

은 서로 교환하고자 하는 재화에 대한 개인적인 요구가 일치해야만 거래가 이루어질 수 있다는 한계를 가집니다.

이때 기찬이가 할 수 있는 유일한 선택은 스스로 인형을 만드는 것 뿐입니다. 결국 자급자족을 해야 하는 것이지요. 그렇게 되면 어떤 문제가 발생할까요? 경제학에서 죄악시하는 자원의 낭비 현상이 필연적으로 발생할 것입니다. 그 이유와 관련된 내용에 대해서는 앞으로도 여러 차례 언급될 사항이기 때문에 좀 더 자세하게 보기로 합시다.

일단 논의에 앞서 여러분에게 한 가지 질문을 하고 싶습니다. 기찬이에게 있어 '고무줄 새총은 남아돌고 인형은 부족하다.'는 것이 시사해 주는 것은 무엇일까요? 그것은 기찬이가 인형보다는 고무줄 새총을 만드는 재능이 훨씬 더 뛰어나다는 것을 의미합니다.

하지만 물물 교환에 실패한 기찬이는 자급자족을 해야 합니다. 고무줄 새총을 만드는 데 **투입**해야 할 시간이라는 희소한 자원을 인형 생산을 위해 투입해야 하는 것이지요. 하지만 기찬이가 인형을 만들기 위해 투입한 시간을 고무줄 새총을 만드는 데 집중해서 투입한다면 어떨까요?

> **투입**
> 사람이나 물자, 자본 등을 필요한 곳에 넣는 것을 말합니다.

그러면 인형의 생산량보다도 훨씬 더 많은 고무줄 새총을 만들 수 있을 것입니다. 그 후에 물물 교환이 이루어진다면 결과적으로 더 많은 놀이기구를 소비할 수 있지요. 이렇게 물물 교환 경제에서는 자기가 가장 잘 만드는 것에 특화 생산한 다음, 자기가 필요한 것과 교환하기 때문에 희소한 자원이 무분별하게 낭비되는 현상을 방지할 수 있습니다.

하지만 앞에서 본 것과 같이 거래 당사자 사이에 제대로 교환이
이루어지기까지는 생각보다 많은 노력이 필요합니다. 서로의 욕구
가 일치하기가 쉽지 않기 때문이지요. 이로 인해 발생하는 문제가 바
로 물물 교환의 한계가 되는 것입니다. 게다가 교환이 이
루어지지 않을 경우 자기가 잘 만들지 못하는 물건을 생
산하기 위해 '시간'이라는 희소한 자원을 투입하게 됨으로
써 자원의 낭비가 일어난다는 문제도 간과할 수 없답니다.

**교과서에는**

물물 교환의 경우 거래의 상대방
을 찾거나, 여러 가지 거래 조건
과 관련한 흥정의 과정이 항상
필요합니다.

## 시장의 탄생

지금까지 우리는 물물 교환 제도와 같이 시장이 등장하기 이전의 상
황에 대해서 공부했습니다. 이제는 물물 교환보다 한층 앞선 현대식
시장에 대해서 살펴봅시다. 그럼 그 전에 시장의 등장과 관련해서
한 가지 질문을 해 볼게요. 시장은 정부나 대통령의 명령에 따라서
인위적으로 만들어진 것일까요, 아니면 저절로 생겨난 것일까요?

정답은 '저절로 생겨났다.'는 것입니다. 그 이유는 무엇일까요? 그
것은 자급자족 경제보다는 물물 교환이, 물물 교환보다
는 시장이 소비자나 생산자 모두에게 더 많은 이익을 제
공해 주기 때문입니다. 이렇게 우리 인간에게 내재되어
있는 소비자와 생산자의 이기심이 시장을 탄생시켰다고

**교과서에는**

사람들이 특화 등을 통해 교환 활
동에 활발하게 참여하는 것은 기
본적으로 개인의 이기심에서 출
발한 이익 추구 행위 때문입니다.

보는 게 경제학계의 정설(定說)이지요. 이에 따르면 소비자나 생산자와 같은 경제 주체는 개인의 만족, 즉 이익을 최우선적으로 추구한다는 공통점이 있습니다.

정설
일반적으로 옳다고 인정된 학설을 의미합니다.

경제 주체들은 경험과 직관을 통해 물물 교환이 자급자족보다 삶의 질을 개선시키고 다양한 상품을 얻을 수 있게 한다는 사실을 알게 되었습니다. 그러자 그들은 누가 먼저라고 할 것도 없이 각자 물물 교환을 시도하기 시작했지요. 왜냐하면 물물 교환에 따른 개인적 이익이 자급자족에 비해서 훨씬 더 컸기 때문입니다.

그러나 시간이 흐르면서 사람들은 물물 교환이 가지는 문제점으로 인해 불편을 느끼기 시작했습니다. 거래 상대방을 일일이 찾아 헤매는 번거로움과 거래 조건을 놓고 벌이는 지루한 협상의 고통이 결코 만만치 않았기 때문이지요. 결국 많은 사람들이 물물 교환을 대체할 새로운 형태의 거래를 고민하기 시작했고, 마침내 물물 교환보다 한층 강력한 시장이 탄생하게 되었습니다.

그런데 한 가지 재미있는 것은 그 과정에서 정부나 대통령이 소비자나 생산자에게 "지금부터 시장을 한번 만들어 보시오."라는 이야기를 결코 하지 않았다는 사실입니다. 누가 뭐라 해도 시장의 탄생은 인간의 오랜 삶의 경험과 지혜의 축적을 토대로 자연스럽게 발생한 시대적 산물인 것입니다.

이러한 시장 경제가 물물 교환보다 훨씬 더 좋은 이유가 있다면 다음과 같은 세 가지 사항을 들 수 있습니다.

먼저 시장이 물물 교환보다 거래 비용을 크게 줄여 준다는 점입니다. 앞에서 살펴본 바와 같이 물물 교환은 많은 거래 비용을 수반합니다. 여기서 말하는 거래 비용이란 자신의 욕구와 정확하게 일치하는 거래 상대방을 찾아낸 다음 그를 상대로 거래를 성사시키기까지 들어가는 여러 가지 비용을 말합니다.

앞에서 이야기한 기찬이의 경우처럼 거래 상대방을 찾아다니기 위해서는 신발이 닳아야 하고 버스를 비롯한 교통수단을 이용해야 합니다. 경제학에서는 그런 비용을 탐색 비용이라고 하지요. 또 거래 상대방을 찾았더라도 거래를 성사시키기 위해서는 거래 조건을 놓고 지루한 싸움을 해야만 합니다. 이때 거래 조건이란 고무줄 새총과 인형을 1대 1의 비율로 교환할 것인가, 아니면 1대 2의 비율로 교환할 것인가를 결정하는 것을 말하는데, 이 과정에서 협상 비용이 소요됩니다. 이때 탐색 비용과 협상 비용을 합한 값을 바로 거래 비용이라고 합니다.

그렇지만 시장이 개설되면 거래 비용은 큰 폭으로 줄어듭니다. 거래를 원하는 사람이 자기 욕구와 정확하게 일치하는 거래 상대방을 찾아 나설 필요가 없기 때문이지요. 시장이 알아서 각각의 거래 조건을 척척 해결해 주어 매우 편리해집니다.

시장에서의 거래는 물물 교환과 달리 두 단계 거래로 끝나는데, 첫 번째 단계의 거래는 자기가 만든 상품을 제공하고 그 대가로 돈을 받는 것입니다. 이때 받은 돈이 바로 소득이 되지요. 만약 기찬이가 고무줄 새총을 1개당 1,000원씩 10개를 팔면 총 10,000원을 받을 수 있습니다.

두 번째 단계의 거래는 기찬이가 10,000원을 갖고 자신이 필요로 하는 상품, 즉 인형을 구입하는 것입니다. 인형의 1개당 가격이 500원이라면, 기찬이는 10,000원의 돈을 가지고 20개의 인형을 구입할 수 있습니다. 이는 '경우의 수'가 무척 많았던 물물 교환에 비해 거래 단계가 두 단계로 축소된 시장의 유용성을 보여 주는 대목입니다. 바로 이러한 이유로 탐색 비용은 크게 줄어들게 되는 것이지요.

교과서에는
시장은 거래에 참여한 사람들 사이에 발생하는 거래 비용을 절감시켜 주는 역할을 합니다.

시장 경제가 물물 교환보다 좋은 두 번째 이유로는 거래 당사자들이 잔머리를 굴리면서 지루하게 협상할 필요가 없다는 사실입니다. 다시 말해, 어느 누구도 고무줄 새총 1개를 인형 몇 개와 바꿀 것인지를 놓고 고민할 필요가 전혀 없다는 뜻입니다. 소리 없이 움직이는 '보이지 않는 손'이 고무줄 새총과 인형의 가격을 가장 효율적으로 결정해 주기 때문입니다.

일단 시장 가격이 결정되면, 협상은 기계적으로 단순 명료하게 이루어집니다. 생산자는 시장 가격으로 자신이 생산한 상품을 판매할 것인지, 아니면 판매를 포기할 것인지만 결정하면 됩니다. 소비자 역시 시장 가격에 의해 다른 사람이 만든 상품을 구입할 것인지, 아니면 구입하지 않을 것인지만 결정하면 그만이지요. 물물 교환에서는 피 말리는 협상을 위해 두통약을 자주 먹어야 한다면, 시장에서는 두통약을 먹지 않더라도 올바른 협상을 손쉽게 할 수 있다고 이야기해도 무리가 없을 것입니다. 그리고 바로 그것이 시장의 매력인 것이지요.

마지막으로 자원의 배분과 관련해서 시장 가격이 매우 중요한 역할을 수행한다는 점을 들 수 있습니다. 시장 가격은 우리 사회에서 희소한 자원이 불필요하게 낭비되는 것을 막아 주는 역할을 하는데, 경제학에서는 이러한 시장 가격의 역할을 '신호의 전달'이라고 말합니다. 그럼 앞에서 언급한 사례를 이용하여 '신호의 전달'에 내재된 경제적 의미를 살펴보겠습니다.

어떤 고무줄 새총의 시장 가격이 한 개당 1,000원으

**교과서에는**

시장은 희소한 자원이 낭비 없이 효율적으로 배분되도록 하는 역할을 합니다.

로 결정되었다면, 합리적인 소비자는 고무줄 새총의 소비로부터 얻을 수 있는 개인적 만족도가 최소한 1,000원보다는 많아야 그것을 구입하려고 할 것입니다. 만약 고무줄 새총을 사용하면서 느낀 개인적 만족도가 1,000원보다 작을 경우, 소비자는 고무줄 새총을 거들떠보지도 않고 그냥 지나치겠지요.

하지만 고무줄 새총을 공짜로 준다고 하면, 어떤 일이 벌어질까요? 많은 친구들이 몰려와서 그것을 서로 달라고 아우성을 칠 것입니다. 심지어는 고무줄 새총이 전혀 필요 없는 어른들까지 달려와서 자기 손자나 손녀에게 주려는 생각에 고무줄 새총을 먼저 받아가려고 난리법석을 떨 것입니다.

이는 고무줄 새총에 대한 개인적인 만족감이 낮은데도 공짜이기 때문에 원하는 사람들이 늘어난 경우입니다. 이러한 상황에서 고무줄 새총에 대한 수많은 사람들의 요구를 모두 다 충족시켜 주기 위해서는 생산량을 늘려야 합니다. 하지만 자원이 한정되어 있는 상황에서 새총의 생산량을 늘리기 위해서는 다른 상품의 생산을 줄일 수밖에 없어요. 사회적인 관점에서 볼 때, 고무줄 새총보다 만족감이 높은 다른 상품의 생산을 포기해야 한다는 사실 자체가 다름 아닌 '희소한 자원의 낭비'입니다.

이를 통해 알 수 있듯이 시장 가격 1,000원은 고무줄 새총을 소비할 때의 개인적 만족도가 1,000원 미만인 소비자의 접근을 원천적으로 차단시켜 줍니다. 그렇게 되면 많은 고무줄 새총을 생산하지 않더라도 사회적인 부족 현상이 나타나지 않겠지요. 또한 사회적으로 꼭 필요한 만큼만 생산되고 소비되기 때문에 불필요한 자원의 낭비를 막을 수 있습니다.

이는 생산자들의 경우에서도 마찬가지입니다. 동일한 품질과 동일한 양의 자원을 투입해서 여러 가지 상품을 생산할 때, 생산자의 입장에서는 시장 가격이 가장 높은 상품부터 우선적으로 생산할 것입니다. 그래야만 남들보다 더 많은 이윤을 얻을 수 있기 때문입니다. 이때, 시장 가격은 생산자들로 하여금 어떤 상품을 생산하는 것이 가장 유리한 것인지를 가르쳐 줍니다. 이것이 바로 생산자를 위한 시장 가격의 신호 전달 기능입니다.

이외에도 시장 가격은 '유인의 제공'이라는 중요한 역할도 수행합니다. 이는 시장 가격이 경제 주체들에게 강력한 동기를 부여해 준다는 것을 의미합니다. 백화점 의류 매장에 한번 가보시기 바랍니다. 단지 매장 앞을 그냥 지나가는데도 매장 점원들이 정중하게 인사를 하며 여러분들을 당황스럽게 만들 것입니다. 그들이 그런 행태를 보이는 이유는 무엇일까요?

그것은 매장 점원들의 보수가 일정액의 기본급에다 판매 금액에 따른 성과급을 합한 금액으로 결정되기 때문입니다. 즉 얼마만큼 많은 고객들을 매장으로 끌어들여서 매출액을 올리는 데 기여했느냐에 따라서 매장 점원의 임금이 책정되는 것입니다. 이때 임금은 노동 시장에서 결정되는 매장 점원에 대한 시장 가격을 의미합니다. 그런 이유에서 매장 점원은 좀 더 많은 임금을 받기 위해서 정중한 인사와 함께 친절한 모습을 보이는 것입니다. 그런 것이 다름 아닌

'유인의 제공'이랍니다.

그러면 이러한 시장의 생명은 영원불멸할까요? 꼭 그렇다고 볼
수도 없습니다. 시장도 생로병사(生老病死)의 과정을 밟
는 하나의 생물체와 거의 유사하기 때문입니다. 만약 어
느 누가 현재의 시장보다 더 강하고 정교한 상거래 시스
템을 선보일 경우, 현대의 시장 제도도 이름만을 남기고 역사의 뒤
안길로 조용히 사라질 것입니다. 그것이 우리가 공부하고 있는 시장
의 운명이지요.

> **생로병사**
> 사람이 태어나서 늙고 병들어서
> 죽는 것을 의미합니다.

## 시장의 숨은 매력을 찾아서

앞 장에서 우리는 물물 교환보다 막강한 파워를 갖는 시장의 탄생 비
밀에 대해서 살펴보았습니다. 그리고 시장에서 결정되는 가격의 경제
적 역할과 기능에 대해서도 자세하게 설명했지요. 그런데 시장이라는
것은 장점만 있고, 단점은 존재하지 않는 완벽한 제도일까요? 탐색 비
용과 협상 비용의 합으로 정의되는 거래 비용의 절감 이외에 또 다른
경제적 이점이 있다면 무엇일까요? 그럼 이제 이런 문제
들에 대해서 좀 더 자세히 살펴보도록 하겠습니다.

먼저 시장은 경제 주체들로 하여금 분업, 특화, 전문
화를 추구하도록 유도한다는 장점이 있습니다. 자급자
족 경제는 자신이 필요한 상품을 직접 생산하게 한 다

> **교과서에는**
> 시장에서 교환이 이루어지면 사
> 람들이 유리한 분야에 특화하고
> 분업화된 작업을 통해서 더욱 숙
> 련되기 때문에 좋은 품질의 재화
> 와 서비스를 생산하게 됩니다.

음, 소비할 것을 강요하는 경제 체제입니다. 그러나 시장 경제는 경제 주체들에게 자신이 가장 잘할 수 있는 일에만 전념할 것을 주문하지요.

시장 경제를 채택하고 있는 한국의 평범한 국민인 제빵왕 김탁구 씨의 이야기를 해 볼까요? 그는 빵을 굽는 데는 남보다 뛰어난 재능이 있었지만, 다른 일에는 별다른 소질이 없었어요. 이 경우 그는 옷을 비롯한 다른 것들을 만드는 것보다 빵을 굽는 일에 전념하는 것이 훨씬 더 유리합니다.

재능이 없는 일을 하면서 소중한 시간을 낭비하는 것보다 자신이 가장 잘하는 빵 굽는 일을 특화해서 보다 많은 빵을 생산하고, 그것을 시장에 내다 팔면 많은 돈을 벌 수 있기 때문입니다. 그 돈으로 다른 상품을 구입해서 소비한다면 그의 생활 수준은 크게 높아질 것입니다.

또한 빵 굽는 일에 전념해서 많은 노하우를 쌓으면, 제빵 기술을 가르치는 학원을 차릴 수도 있고, 국내외에 자신의 브랜드를 딴 체인점을 내어서 제빵 CEO로 성공할 수도 있습니다. 현대 사회는 전문가가 성공하는 시대입니다. 따라서 빵을 굽는 데 탁월한 능력을 가진 김탁구 씨가 다른 곳에 한눈팔지 않고 빵 굽는 일에만 열중한다면, 그는 다른 사람보다 성공할 확률이 높을 수밖에 없습니다.

둘째로 시장은 생산자들 간에 치열한 경쟁을 촉발시킨다는 장점이 있습니다. 특히 이러한 경쟁은, 소비자들

**교과서에는**

시장에서는 이기심을 충족하기 위한 경제 주체들이 경쟁에 직면하는데, 이를 경쟁의 원리라고 합니다.

에게도 긍정적인 영향을 미칩니다. 그 이유는 생산자들의 경쟁을 통해서 상품 가격이 하락하고 품질은 향상되기 때문입니다. 생산자가 시장에서 생존하려면 다른 생산자들과 치열하게 경쟁해서 승리해야 합니다. 고부가 가치 제품을 만드는 기술 혁신, 생산 비용의 절감을 위한 공정 기술의 혁신도 모두 경쟁의 산물이지요.

> **고부가 가치**
> 생산 과정에서 새롭게 부가된 높은 가치입니다.

물론 소비자들 가운데 일부 사람들은 경쟁을 좋지 않은 것으로 여기기도 합니다. 그런 사람들은 경쟁이 사람들을 피곤하게 만들고, 패배자를 양산하며, 인간적인 정(情)마저 빼앗아 간다고 말합니다. 하지만 다른 측면으로 생각한다면 소비자 입장에서는, 생산자들이 경쟁하는 것보다 더 좋은 것은 없습니다. 하지만 이에 대한 복잡한 고민은 여러분에게 숙제로 남겨 놓겠습니다.

셋째로 시장 경제는 자급자족 경제나 물물 교환 경제에 비해 소비자가 선택할 수 있는 폭을 넓혀 줄 뿐만 아니라 생산자에게 소비자가 원하는 상품을 생산하도록 유도한다는 장점이 있습니다. 이는 위에서 이야기한 경쟁과 관련된 것이기도 합니다.

우리나라가 가난했던 1970년대 초까지만 해도 시장에서는 한 가지 종류의 청바지만 생산 판매되고 있었습니다. 각기 다른 개성과 스타일을 중시하는 여러분들이 똑같은 형태, 똑같은 색상, 똑같은 디자인의 청바지를 입고 다닌다고 생각해 보십시오.

예를 들어 여러분이 시장에서 구입한 청바지를 입고 학교에 갔더니 반 친구 모두가 똑같은 청바지를 입고 있다면, 어떤 기분이 들까

요? 모르긴 해도 여러분은 그 청바지를 두 번 다시 입고 싶지 않을 것입니다. 이러한 사례를 보면, 상품에 대한 선택의 폭이 넓다는 것이 우리 소비자들에게 얼마나 큰 행복인지, 이제는 좀 이해할 수 있을 것입니다.

또 시장 경제의 생산자들은 소비자들의 주문이 없어도 다양한 상품을 척척 생산합니다. 여러분들이 치약 만드는 회사에 "죽염 치약을 만들어 주세요."라고 말한 적이 있나요? 아마도 그렇지는 않을 것입니다. 그럼에도 불구하고 치약 회사는 자기들 스스로 척척 알아서 죽염 치약을 만든 다음, 시장에 공급하고 있습니다.

시장은 이종 격투기가 벌어지는 사각의 링과 조금도 다르지 않습니다. 경쟁에서 탈락하면, 그 사각의 링에서 조용히 내려와야 합니다. 생산자가 그런 운명에 놓이지 않으려면, 늘 깨어 있는 자세로 소비자의 심리적인 욕구에 귀를 기울여야 할 것입니다. 또한 다른 경쟁자들보다 먼저, 그리고 훨씬 더 좋은 상품을 만들어서 소비자를 감동시켜야 합니다. 이제는 그런 기업만이 성장하고 발전할 수 있지요.

그렇다면 시장은 우리에게 전지전능하고 만병통치약 같은 존재일까요? 결코 그렇지 않습니다. 모든 것이 아름답게만 보이는 시장 제도에도 어두운 측면이 꽤 많이 존재합니다. 이는 마치 빛과 그림자가 공존하는 자연의 이치와 조금도 다르지 않습니다.

시장 제도는 경쟁에서 도태되었거나 애초부터 경쟁력을 갖고 있지 못한 사람들에게는 매우 불리한 제도입니다.

또 자유 경쟁은 약육강식(弱肉强食)의 정글 법칙을 전제로 하기 때문에, 본질적으로 빈익빈 부익부의 구조적 결함을 치유해 주지 못한다는 한계가 있습니다. 그래서 정부가 필요한 것입니다. 정부는 시장이 해결할 수 없는 사회 경제적 문제를 치유하기 위해 시장에 개입합니다. 따라서 여러분은 시장 제도가 갖는 이러한 장단점을 충분히 고려하면서 시장을 객관적으로 이해하려는 노력을 기울여야 합니다.

**만병통치약**
여러 가지 병을 고치는 데 쓰는 약이나 처방을 뜻하지만, 이 경우에는 다양한 상황에서 두루 효력을 나타내는 대책을 비유적으로 이르는 말입니다.

**자유 경쟁**
국가의 간섭이나 사적인 제약을 받지 않고, 수요와 공급이 자유로운 상태에서 이루어지는 시장 경쟁입니다.

**빈익빈 부익부**
가난할수록 더욱 가난해지고, 부자일수록 더욱 부자가 된다는 뜻의 단어가 합쳐진 말입니다.

# 아마존의 성공

시장은 탄생 이후부터 지금까지 지속적인 발전을 거듭해 왔으며, 그 종류와 형태 또한 매우 다양합니다. 최근에는 직접 만나지 않아도 온라인상에서 거래할 수 있는 인터넷 쇼핑몰이 크게 늘어나고 있는데, 이러한 움직임에는 인터넷 쇼핑몰이 주는 경제적 이점이 크게 작용하고 있지요.

인터넷 쇼핑몰의 성공 신화를 이룬 대표적인 회사가 바로 아마존(Amazon.com)입니다. 아마존은 세계 최초의 인터넷 서점이자 최대의 종합 쇼핑몰로, 월가(街)의 펀드 매니저였던 30세의 제프 베조스(Jeff Bezos)가 설립했습니다. 베조스는 온라인 상점이 오프라인 상점에 비해 더 많은 품목을 취급할 수 있다고 생각했는데, 당시 품목이 가장 다양하고 많았던 분야가 바로 '책'이었습니다. 그래서 1995년, 본격적으로 서비스를 개시할 당시에는 인터넷 서점으로 출발했지요.

소비자에게 다양한 선택의 기회를 제공할 수 있다는 측면에서 볼 때, 충분히 경쟁력이 있는 도전이었습니다. 인터넷은 공간의 제약을 받지 않는다는 특성 때문에 많은 품목을 보유할 수 있고, 시간적·물질적 비용을 줄여 편리함을 제공하기 때문입니다. 이러한 이점은 소비자들에게 큰 매력으로 다가왔습니다. 때문에 아마존은 사이트가 개시되자마자 폭발적인 반응을 얻을 수 있었고, 미국의 수많은 서점들이 이로 인해 도산하는 일까지 벌어질 정도로 그 영향력은 대단했지요.

아마존은 전 세계의 웹사이트와 자사의 사이트를 연결하는 전략적 제휴와 다양한 고객 서비스 시스템을 구축하는 방법 등을 통해 크게 성장했고, 서적 외에 다양한 영역으로 사업을 확장하기에 이르렀습니다. 이러한 아마존의 성공은 새로운 시장의 영역을 개척하여 거래의 이점을 살린 결과입니다. 또한 시장이 무궁무진하게 변화하고 발전해 나갈 수 있다는 가능성을 보여준 사례이기도 합니다.

농사를 지어 우리 가족만 먹으니 쌀이 남는군.

자네 그 항아리 어디에서 났나?

산 넘어 사는 박가네가 보리 한 말이랑 바꾸자고 해서 바꿨지.

물물 교환! 그 방법이 있었구나.

길이 멀어 나귀를 타고 오느라 돈도 들고 시간도 걸리는구먼.

이 쌀을 줄 테니 자네의 항아리와 바꾸세.

항아리는 이제 없는데, 술병은 어떤가?

술병은 필요 없는데……

여러 사람들이 필요로 하는 물건을 사고파는 공간이 생겨나면 좋겠군.

시장의 탄생

와글 와글-

시장이 생기고부터는 일일이 찾아다니는 비용이 들지 않아 좋구먼.

이 생선은 얼마요?

쌀로는 세 되 주시오.

나는 한 되면 되오.

그럼 두 되로 정합시다!

아, 이것이 '보이지 않는 손'의 위력!

누가 이렇게 싸게 팔라고 했어?

시장이 결정한 일이라네!

# 수요와 공급의 원리

종이나 물건을 자를 때 사용하는 가위의 모습을
유심히 살펴보면 수요 곡선과 공급 곡선의 만남
이 이와 흡사하다는 것을 알 수 있을 것입니다.
가위의 양날이 만나서 힘을 발휘하듯 수요 곡선
과 공급 곡선이 만나서 가격이 결정되는 원리에
대해서 자세히 알아봅시다.

**수능과 유명 대학교의 논술 연계**

## 세상을 바꾼 아이디어, 가위의 양날

세계를 변화시키는 거대한 힘은 언제나 작은 아이디어에서 출발한다는 것이 역사의 교훈입니다. 수요와 공급도 예외가 아닙니다. 불과 2세기 전만 해도, 사람들은 수요 곡선과 공급 곡선이 만나서 시장 균형 가격이 결정된다는 생각을 하지 못했습니다. 내가 한창 활동했던 19세기 중·후반만 해도 가격이 결정되는 과정을 놓고 고전학파 사람들과 한계 효용 학파 사람들이 치열한 논쟁을 거듭하고 있었지요.

영국의 애덤 스미스를 비롯한 고전학파 사람들은 노동의 가치가 상품의 가격을 결정한다는 노동 가치설을 신봉하고 있었습니다. 이들은 생산자가 근로자의 노동을 투입해서 만든 것이 상품이고, 그 상품의 가격은 노

**고전학파**
애덤 스미스를 시조로 하며 한계 효용 학파가 등장하기까지 배출된 경제학자들을 말합니다. 자유 방임주의를 주장하고 국가의 개입을 적극 배제했다는 특징을 가지지요.

**한계 효용 학파**
오스트리아에서 C.멩거를 시조로 발전하여 오스트리아 학파라고 불리며, 한계 효용의 개념을 통해 상품의 가격을 설명했습니다.

동의 가격인 임금의 크기에 의해서 결정된다고 보았습니다.

예를 들어, 책 한 권을 만드는 데 5시간의 노동이 필요하고, 시간당 임금이 4,000원이라면 책값은 20,000원이라고 보는 것이지요. 이 주장에 의하면 노동자에게 준 임금은 생산자가 상품 생산을 위해서 지출한 돈이기 때문에 생산 비용에 해당하는데, 이는 공급 곡선과 밀접한 관련이 있습니다. 결국 상품의 가격이 공급에 의해서 결정된다는 것을 강조하는 학설이라고 볼 수 있지요.

그러나 오스트리아의 멩거(C. Menger), 영국의 제본스(W. S. Jevons), 프랑스의 왈라스(L. Walras)와 같은 한계 효용 학파 사람들의 생각은 고전학파 사람들의 그것과 전혀 달랐습니다. 그들은 상품의 가격이 노동의 가치가 아니라 상품 소비에 따른 한계 효용의 크기에 의해서 결정된다고 주장했습니다. 이는 상품의 가격이 수요에 의해서 결정된다는 주장입니다. 그럼 한계 효용의 의미에 대해서 먼저 알아볼까요?

조금 어려운 용어이긴 합니다만, 효용이란 일정량의 상품을 소비함으로써 얻을 수 있는 주관적인 만족도를 의미합니다. 가령, 여러분이 연필 한 자루를 사용하면서 느낀 개인적인 만족도가 200이었다면 그 200이 바로 효용입니다. 그런데 연필 한 자루를 추가로 더 구입해서 사용한 결과, 총 300만큼의 만족도를 얻었다면 이때의 한계 효용은 추가로 증가한 100으로 정의됩니다.

그런데 이를 계산하기 위해서는 구체적으로 두 단계의 계산 과정을 거쳐야 합니다. 첫 번째 단계는 연필 한 자루를 추가적으로 더 소비할 때 얻을 수 있는 개인적 만족도의 변화 크기를 구하는 것이고,

두 번째 단계는 연필의 소비량 변화를 구하는 것입니다. 그리고 한계 효용은 전자를 후자로 나눠 준 값으로 정의됩니다. 그럼 같이 계산해 볼까요?

우선 첫 단계에서 구할 수 있는 개인적 만족도의 변화 크기는 100입니다. 이는 연필 두 자루의 소비에서 얻는 개인적 만족도 300에서 한 자루를 사용했을 때의 개인적 만족도 200을 빼 준 값으로 정의됩니다. 두 번째 단계에서 구할 수 있는 연필의 소비량 변화는 1입니다. 이는 연필 두 자루에서 한 자루를 빼 준 값으로 정의됩니다. 이렇게 계산된 100을 1로 나누어 주면 연필의 한계 효용은 100이 되는 것이지요. 그런데 한계 효용은 소비자의 측면에서 본 개념입니다. 한계 효용 학파는 바로 이러한 논리를 들어서 수요에 의한 가격의 결정을 이야기한 것입니다.

당시 수요와 공급을 둘러싼 그들 간의 논쟁은 매우 치열했는데, 이를 지켜보던 나는 순간적으로 가위를 떠올려 보았습니다. 가위는 두 개의 날, 즉 위쪽 날과 아래쪽 날로 구성되어 있어서, 위쪽 날과 아래쪽 날이 동시에 작동해야만 종이나 물건을 자를 수 있지요.

나는 이러한 논리를 바탕으로 수요 곡선과 공급 곡선을 가위의 양날에 비유했어요. 시장에서 상품이 거래되려면, 반드시 가위의 위쪽 날에 해당되는 수요 곡선과 아래쪽 날에 해당되는 공급 곡선이 동시에 작동해야 한다는 뜻이지요. 이는 고전학파의 공급 곡선과 한계 효용 학파의 수요 곡선을 하나로 정리하는 놀라운 아이디어였습니다.

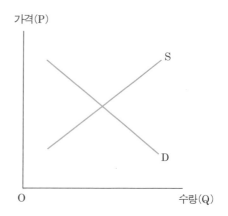

수요 곡선과 공급 곡선의 만남은 가위
의 양날에 비유할 수 있습니다.

**[그림 1] 수요 곡선과 공급 곡선의 만남**

이와 같은 상황을 잘 대변해 주는 말을 우리 주변에서 찾아본다
면 어떤 것들이 있을까요? 아마 "손바닥도 마주쳐야 소리가 난다."
는 속담이 대표적일 것입니다. 그 외에도 '새의 양쪽 날개가 튼튼하
고 건강해야 하늘을 날 수 있다.'는 생각은 균형을 강조한 것으로, 수
요 곡선과 공급 곡선이 만나 시장에서 균형점이 결정되는 것과 같은
원리지요.

나는 그 원리에 대한 구체적인 생각을 『경제학 원리(Principles of
Economics)』라는 책에다 상세하게 기술했습니다. 그 후 수많은 경제
학자와 경제학을 배우는 학생들이 내 의견에 기꺼이 동조해 주었어
요. 덕분에 이제는 그 아이디어가 세상을 바꾸는 거대한 원리이자
중요한 상식이 되어 여러분에게 소개된 것이지요. 다시 말하지만 수
요 곡선과 공급 곡선을 통합해서 시장 가격이 결정되는 원리를 책으

로 저술한 사람은 바로 나, 마셜이랍니다. 시장 경제 이야기를 하면 대부분 애덤 스미스(Adam smith)의 이론이라고 생각하겠지만 나의 공로도 크다는 것을 기억해 주면 좋겠어요.

"수요·공급만 제대로 이해하면 앵무새도 경제학 박사가 될 수 있다."는 말이 있습니다. 그만큼 수요 이론과 공급 이론이 중요하다는 뜻이겠지요. 그렇기 때문에 이번 수업에서는 수요와 공급에 대해서 매우 자세하게 학습할 것입니다. 여러분이 수요와 공급에 대해서 열심히 학습하면, 자기 자신도 모르는 사이에 우리 주변의 경제 현실을 나름대로 진단하고 평가할 수 있는 높은 수준의 경제적 안목을 갖게 될 거예요. 경제학이 매력적인 학문이라는 이야기도 그 때문이겠지요. 그럼 시작해 볼까요?


## 가위의 윗날 : 수요와 수요 곡선을 정복하라!

경제 주체들은 끊임없이 제기되는 경제 문제를 해결하기 위해서 수많은 의사 결정을 해야 합니다. 그때마다 경제 주체들이 가장 먼저 고려하는 것은 시장 가격입니다. 그러면 가격 형성에 결정적인 영향을 미치는 힘은 어디에서 나오는 것일까요? 나는 이 문제와 관련해서 가위의 양날에 비유한 수요와 공급의 이야기를 언급한 바 있습니다. 그럼 지금부터는 가위의 윗날에 해당하는 수요와 수요 곡선의 이야기를 시작하겠습니다.

**구매력**
상품을 구입할 수 있는 능력으로, 주로 '돈'을 의미합니다.

수요(demand)란, 구매력을 가진 경제 주체가 일정 기간 동안에 상품을 구입하고자 하는 비현실적 욕구를 말합니다. 그에 반해 수요량(quantity demanded)은 구매력을 가진 경제 주체가 일정 기간 동안에 특정 가격 수준에서 구입하고자 하는 상품의 구체적인 수량을 의미합니다.

**교과서에는**
구입 능력을 갖춘 소비자들이 일정한 기간 동안에 재화와 서비스를 구입하고자 하는 욕구를 수요라고 하며, 어떤 가격 수준에서 구입하고자 하는 특정한 수량을 수요량이라고 합니다.

특히 수요량은 수요에 영향을 미치는 여러 가지 요인(해당 상품의 가격, 관련 상품의 가격, 소비자의 수, 소득, 소비자의 선호, 재산, 미래 가격에 대한 예상 등)들 중에서 해당 상품의 가격을 제외한 다른 변수들이 일정불변 해야 한다는 전제 조건이 성립하는 경우에만 정의됩니다.

**일정불변**
모두 고정되어 있어서 변하지 않는다는 의미입니다.

수요 곡선(demand curve)은 일정 기간 동안에 있을 수 있는 그 상품의 여러 가지 가격과 수요량의 조합을 나타내는 곡선을 의미합니다. 다시 말해 해당 상품의 가격을 제외한 다른 요인들이 변하지 않는 상황에서 해당 상품의 가격과 수요량 간의 일대일 대응 관계를 나타내는 것입니다. 수요 곡선이 우하향하는 형태를 띠는 것은 가격이 상승하면 수요량은 감소하고, 가격이 하락하면 수요량은 증가하기 때문입니다. 경제학에서는 이와 같은 원리를 수요의 법칙이라고 말합니다.

다음 [그림 2]에서 제시된 그래프를 보면 X축은 아이스크림의 거래량을, 그리고 Y축은 아이스크림의 가격을 의미합니다. 이 우하향하는 형태의 수요 곡선은 매우 단순하게 그려져 있는 것 같지만, 거기에는 상품의 수요량을 둘러싸고 벌이는 소비자들의 냉철하고 치열한 경제 심리가 감추어져 있습니다. 그 속사정을 설명하면 다음과 같지요.

**교과서에는**
수요 곡선이 우하향하는 것은 재화의 가격이 오르면 소비자가 수요량을 줄이고, 가격이 내리면 수요량을 늘리는 것을 의미하는데, 이러한 관계에 대한 보편적인 현상을 수요의 법칙이라고 합니다.

첫째로, 수요 곡선의 높이는 어느 소비자가 아이스크림의 소비로부터 얻을 수 있는 개인적 만족도의 최대 수준을 의미합니다. 그리고 수요 곡선이 우하향하는 것은 소비자가 아이스크림을 추가로 많이 소비하면 할수록 개인의 만족도가 점점 더 감소하는 것을 의미합니다. 경제학에서는 이것을 '한계 효용 체감의 법칙'이라고 말

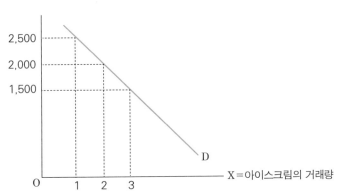

[그림 2] 우하향하는 수요 곡선의 그래프

하지요.

　위 수요 곡선을 보면 소비자가 아이스크림 1단위를 소비할 때 얻을 수 있는 개인적 만족도의 크기는 2,500원이고, 2단위를 소비할 때는 2,000원, 3단위를 소비할 경우에는 1,500원의 만족도를 얻는 것으로 되어 있습니다. 아이스크림의 소비를 늘릴수록 추가적인 아이스크림의 소비로부터 느끼는 개인 만족도는 점점 더 감소하고 있는 것입니다. 우하향하는 수요 곡선은 바로 그와 같은 특성을 반영하고 있지요.

　둘째로 수요량은 주어진 가격 수준에서 소비자가 구입하고자 하는 최대 수량이라는 것을 의미합니다. 예를 들어 아이스크림의 가격이 2,500원일 경우, 소비자가 구입하려고 하는 아이스크림의 최대 수량은 1단위입니다. 즉 합리적인 소비자는 아이스크림의 가격이 2,500원일 경우에는 1단위 이상을 소비하지 않는다는 얘기입니다. 그러면 이러한 이유는 무엇 때문일까요? 아이스크림 가격이 2,500원인 상황에서 소비자가 2단위의 아이스크림을 구입하면 어떤 일이 일어나는지 살펴보겠습니다.

소비자가 아이스크림을 2단위 구입할 경우, 그가 생산자에게 지불할 가격은 5,000원(=2,500원×2단위)인데 반해, 2단위의 아이스크림 소비로부터 얻을 수 있는 개인적 만족도의 최대 크기는 4,500원(=2,500원+2,000원)에 불과합니다. 합리적인 소비자라면, 아이스크림의 소비로부터 얻을 수 있는 개인적 만족도의 크기가 아이스크림의 가격보다 크거나 최소한 같아지는 경우에만 아이스크림을 구입할 것입니다. 따라서 아이스크림 가격이 2,500원인 경우에, 소비자는 아이스크림을 1단위만 구입하게 됩니다.

셋째로, 소비자가 아이스크림을 1단위 구입할 경우, 그가 생산자에게 지불할 용의가 있는 최대 가격은 2,500원입니다. 이는 만약 생산자가 1단위의 아이스크림을 공급하면서 2,500원 이상의 가격을 요구할 경우, 소비자는 아이스크림의 구입을 거절한다는 뜻입니다.

이처럼 소비자가 지불할 용의가 있는 가격이 최소 가격이 아니라 최대 가격인 또 다른 이유는 '소비자는 가능한 한 돈을 적게 내려고 하는 사람'이라는 사실로부터 유추해 볼 수 있습니다. 이를 위해서는 여러분의 직관적인 이해가 필요합니다. 돈을 적게 지불하려는 사람은 '돈을 좀 더 많이 지불할 수도 있다.'는 의미의 '최소한'보다 '돈을 더 이상 지불할 수 없다.'는 의미의 '최대한'을 사용하는 게 일반적인 관행입니다.

### 수요의 변화와 수요량의 변화

그렇다면 수요의 변화와 수요량의 변화는 정확히 어떤 차이가 있을까요? 경제를 처음 배우는 학생들은 대부분 이 두 가지 개념이 서로 같다고 생각합니다. 그런데 수요의 변화와 수요량의 변화는 개념상에 큰 차이가 있습니다. 자, 그럼 수요의 변화와 수요량의 변화에 대해 살펴보겠습니다.

수요의 변화란 해당 상품의 가격을 제외한 다른 요인들이 변할 때 나타나는 수요량의 변화를 의미하며, 이는 수요 곡선 자체가 이동하는 것으로 나타납니다. [그림 3]의 왼쪽 그래프가 수요의 변화를 의미하지요. 그에 반해 수요량의 변화란, 다른 요인들은 일정불변인 상태에서 해당 상품의 가격만 변화할 때 나타나는 수요량의 변화로서, 주어진 수요 곡선 상에서의 이동으로 나타납니다. 위의 오른쪽 그래프가 수요량의 변화를 의미합니다.

### 수요의 변화에 영향을 미치는 요인

**교과서에는**

어떤 상품에 대한 수요에 영향을 미치는 요인은 소비자의 기호와 소득 수준, 관련 재화의 가격, 인구의 크기 등이 있는데, 이에 따라 나타나는 수요의 변동은 수요 곡선 자체의 이동으로 나타납니다.

소비자들의 수요 변화에 영향을 미치는 요인으로 자주 거론되는 변수들로는 소비자의 소득, 소비자의 수, 기호 및 선호, 미래 가격에 대한 예상, 관련 재화의 가격을 들 수 있습니다. 그 내용에 대해서 간략하게 언급하면 다음과 같습니다.

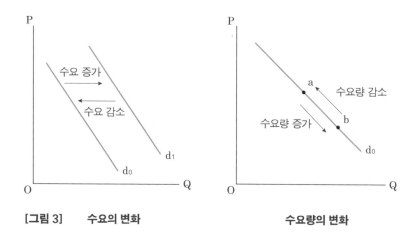

[그림 3]　　수요의 변화　　　　　　　　　　수요량의 변화

　일반적으로 소비자의 소득이 증가하면 수요가 증가하고, 소득이 감소하면 수요도 감소합니다. 그렇지만 경우에 따라서는 소득이 증가할수록 수요가 감소하는 경우도 있습니다. 예를 들어, 닭고기를 소비하던 사람이 소득이 증가하자 닭고기 대신 쇠고기를 즐겨 먹게 되었다고 합시다. 다시 말해, 닭고기 수요는 줄어들고 쇠고기 수요는 늘어난 것입니다. 이런 경우, 경제학에서는 닭고기를 열등재라 하고 쇠고기는 우등재라고 정의합니다.

　또한 소비자의 수(number)가 많아지거나, 어떤 상품에 대한 선호가 높아지는 경우에도 수요가 늘어나게 됩니다. 또 가까운 미래에 상품 가격이 오를 것으로 예상되는 경우에도 수요가 늘어나지요. 그 이유는 가격이 더 오르기 전에 소비자가 해당 상품을 더 많이 구입해 놓으려는 사재기 심리가 발동하기 때문입니다.

> **사재기**
> 물건의 값이 오를 것을 예상하고 많은 이익을 얻기 위해서 물건을 몰아서 사들이는 것을 말합니다.

그리고 사이다와 콜라처럼 상품들 사이에 대체 관계가 존재하는 경우, 사이다 가격이 상승하면 사이다 수요는 줄어드는 대신 콜라 수요는 증가합니다. 그 이유는 콜라의 가격이 사이다의 가격에 비해 상대적으로 낮아졌기 때문입니다.

이와 관련하여 테니스 라켓과 테니스공처럼 상품들 사이에 보완 관계가 존재하는 경우, 테니스 라켓의 가격이 상승하면 테니스공의 수요는 감소합니다. 그 이유는 테니스 라켓 가격이 상승하면 테니스 라켓의 수요가 감소하고, 그에 따라 테니스 공의 수요도 감소하기 때문입니다.

**대체 관계**
서로 대신 사용해도 만족에 큰 차이가 없는 관계를 말합니다.

**보완 관계**
두 개 이상의 재화가 동시에 소비될 때 만족을 얻을 수 있는 관계를 말합니다.

## 개별 수요와 시장 수요

시장에는 많은 소비자들이 존재합니다. 소비자 한 사람 한 사람의 수요를 개별 수요라고 하고, 시장 전체의 수요를 시장 수요라고 합니다. 지금까지 우리가 다룬 것은 개별 소비자의 수요 곡선이었어요. 개별 소비자의 수요가 서로에게 영향을 끼치지 않는 독립적인 관계를 갖고 있다고 가정할 경우, 시장 수요는 개별 수요의 횡적인 합으로 정의됩니다. 여기서 횡적인 합이란, 동일한 가격 수준에서 모든 소비자의 개별 수요량을 합한 값으로 정의된다는 의미입니다.

예를 들어, 시장에 철수와 영희만 존재한다고 합시다. [그림 4]의 그래프처럼 아이스크림 가격이 2,500원일 때, 철수는 아이스크림을 1단위 구입했고, 영희는 아이스크림을 2단위 구입했다면 아이스크림의 시장 수요는 어떻게 될까요? 아이스크림의 가격이 2,500원인

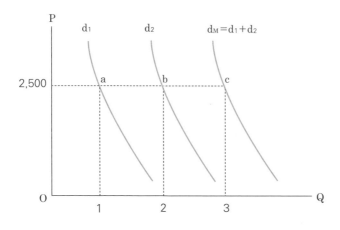

[그림 4] 개별 수요와 시장 수요의 관계

경우, 아이스크림의 시장 수요는 3단위(=1단위+2단위)라고 말할 수 있는데, 이것이 다름 아닌 횡적인 합입니다.


## 가위의 아랫날 : 공급과 공급 곡선을 정복하라!

이제부터는 가위의 아랫날에 해당하는 공급과 공급 곡선에 대해서 살펴보도록 하겠습니다. 아마 앞에서 다룬 수요에 대한 이야기와 비교해서 생각해 보면 훨씬 쉽게 이해할 수 있을 거예요. 그럼 같은 방식으로 설명해 볼게요.

공급(supply)이란, 생산자가 일정 기간 동안에 상품을 판매하고자 하는 추상적인 욕구를 말합니다. 이에 반해 공급량(quantity supplied)은 생산 및 판매 능력을 가진 생산자가 일정 기간 동안에 특정 가격 수준에서 판매하고자 하는 상품의 구체적인 수량을 의미합니다.

그런데 공급량은 공급에 영향을 미치는 여러 가지 요인(해당 상품의 가격, 생산 요소 가격, 생산 기술, 조세와 보조금, 연관 상품의 가격 등)들 중에서 해당 상품의 가격을 제외한 다른 변수들이 일정불변해야 한다는 것을 전제로 하는 개념입니다.

또한 공급 곡선(supply curve)은 일정 기간 동안에 있을 수 있는 해당 상품의 여러 가지 가격과 공급량의 조합들을 나타내는 곡선을 말합니다. 따라서 공급 곡선은 해당 상품의 가격을 제외한 다른 요인들이 일정불변인 상황에서 해당 상품의 가격과 공급량 간의 일대일 대응 관계를 나타냅니다.

공급 곡선은 우상향하는 형태를 띱니다. 그 이유는 가격이 상승하면 공급량은 늘어나고, 가격이 하락하면 공급량은 감소하기 때문입니다. 경제학에서는 이와 같은 원리를 공급의 법칙이라고 말하지요.

우상향하는 공급 곡선이 매우 단순하게 그려졌다고 생각할 수 있지만, 거기에는 수요 곡선과 마찬가지로 상품의 공급량을 둘러싸고 벌이는 생산자들의 냉철하고 이기적인 경제 심리가 감추어져 있습니다. 다음에 제시된 [그림 5]에서 X축은 농구공 거래량을, 그리고 Y축은 농구공 가격을 의미합니다. 그럼 이를 토대로 공급 곡선에 대해서 자세히 알아봅시다.

그래프에서 공급 곡선의 높이는 어느 생산자가 농구공을 공급하기 위해서 필요로 하는 한계 비용(marginal cost)의 크기를 의미합니다. 그리고 공급 곡선이 우상향하는 것은 생산자가 농구공의 공급을 늘리면 늘릴수록 그에 따른 한계 비용도 함께 증가하는 것을 의미합니다.

이때 생산자가 농구공 1개를 더 공급하기 위해서 필요한 총 비용은 10,000원이고, 2개를 공급하기 위해서 필요한 총 비용은 22,000원입니다. 그리고 농구공 3개를 공급하기 위해서는 37,000원의 총 비용이 필요합니다. 이는 농구공의 공급을 늘릴수록 한계 비용이 점점 더 증가한다는 것을 의미합니다. 따라서 공급 곡선이 우상향하는 것

**교과서에는**

공급 곡선이 우상향하는 것은 가격이 오르면 생산자가 공급량을 늘리고, 가격이 내리면 공급량을 줄인다는 것을 의미하는데, 가격과 공급량과의 관계를 공급 법칙이라고 합니다.

**한계 비용**
생산자가 생산물 한 단위를 추가로 더 생산할 때 필요한 생산비의 증가분을 의미합니다.

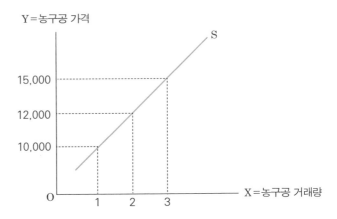

[그림 5] 우상향하는 공급 곡선의 그래프

은 바로 '한계 비용 체증의 법칙'이 작동하기 때문입니다.

둘째로 공급량은 주어진 가격 수준에서 생산자가 판매하고자 하는 최대 수량을 의미합니다. 예를 들어 농구공 가격이 10,000원일 경우, 생산자가 판매하려고 하는 농구공의 최대 수량은 농구공 1개입니다. 이는 농구공 가격이 10,000원일 경우, 생산자는 농구공을 1개 이상 공급하지 않겠다는 것을 의미하는 말입니다. 그렇다면 그 이유는 무엇일까요? 그것은 생산자가 판매 가격 10,000원에서 농구공을 2개 공급할 경우, 어떤 일이 일어나는지만 살펴보면 금방 알 수 있습니다.

생산자가 농구공 2개를 생산할 경우, 2,000원의 한계 비용이 소요됩니다. 따라서 생산자는 농구공 1개를 추가적으로 더 생산하기 위해서는 최소한 12,000원은 받아야 한다고 생각합니다. 그러나 소비자는 10,000원의 가격만 지불하려고 하겠지요. 따라서 생산자는 추가적인 농구공의 공급을 거부하게 되는 것입니다. 이를 통해 우리는 '생산자가 상품의 판매 가격과 한계 비용이 같아지는 수준까지만 상품을 공급한다.'는 사실을 알 수 있습니다.

셋째로, 생산자가 농구공 1개를 공급할 때, 그가 받고자 하는 최소 가격이 10,000원이라는 점입니다. 이것은 소비자가 농구공 1개의 가격을 10,000원보다 낮게 지불할 경우, 생산자는 농구공의 공급을 거부한다는 것을 의미합니다.

생산자가 농구공을 공급하면서 받고자 하는 가격을 최소 가격이라고 정의할 수 있는 또 다른 이유는 '생산자는 가능한 한 소비자로부터 많은 돈을 받아내려는 사람이다.'라는 점에서 유추해 볼 수 있습니다. 생산자는 소비자로부터 조금이라도 더 많은 돈을 받아내기 위해서 '얼마 이하로는 손해를 보기 때문에 상품을 팔 수 없다.'라는 식의 마지노선을 제시하는 것이 대부분입니다. 때문에 공급 측면에서는 최소 가격을 생각하는 것입니다.

### 공급의 변화와 공급량의 변화

공급의 변화와 공급량의 변화는 어떤 차이가 있을까요? 경제를 처음 배우는 학생들은 대부분 이 두 가지 개념이 같다고 생각할 것입니다. 하지만 이 둘 사이에는 커다란 개념상의 차이가 존재합니다. 자, 그럼 공급의 변화와 공급량의 변화에 대해 자세히 설명해 보겠습니다.

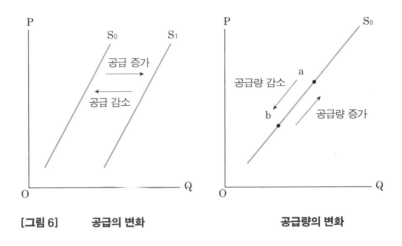

| [그림 6] | 공급의 변화 | 공급량의 변화 |

공급의 변화란, 해당 상품의 가격 이외의 다른 요인들이 변화할 때 나타나는 공급의 변화를 의미하며, 이는 공급 곡선 자체가 이동하는 것으로 나타납니다. [그림 6]의 왼쪽 그래프가 공급의 변화를 의미합니다. 그에 반해 공급량의 변화란, 다른 요인들은 변하지 않는 상태에서 해당 상품의 가격만 변화할 때, 그에 대응해서 나타나는 공급량의 변화로서 이는 주어진 공급 곡선 상의 이동으로 나타납니다. [그림 6]의 오른쪽 그래프가 공급량의 변화를 의미하지요.

**생산 요소**
상품을 생산하기 위해서 투입해야 하는 것으로, 노동, 토지, 자본, 기술, 경영 능력 등을 말합니다.

**기술 혁신**
기술을 새롭게 한다는 의미로, 생산 과정에서 새로운 기술을 도입함으로써 발생하는 경제상의 변혁을 말합니다.

### 공급의 변화에 영향을 미치는 요인

공급의 변화에 영향을 미치는 것으로는 임금·이자·임대료 등과 같은 생산 요소 가격, 기술 혁신, 조세와 보조금, 보완 관계나 대체 관계를 갖는 연관 상품의 가격 등을 들 수 있습니다. 그 내용을 좀 더 자세히 살펴보면 다음과 같습니다.

첫째로, 임금, 이자, 임대료 같은 생산 요소 가격이 하락하면 생산비가 절감됩니다. 그러면 종전과 같은 생산 비용으로 더 많은 상품을 생산할 수 있게 됩니다. 그 이유는 저렴한 생산 요소를 더 많이 구입해서 생산 과정에 투입할 수 있기 때문입니다. 따라서 생산 요소 가격이 하락하면 상품 공급은 증가합니다.

둘째로, 기술 혁신이 일어나면, 종전과 동일한 규모의 생산 요소로 이전보다 훨씬 더 많은 상품을 생산할 수 있습니다. 근로자 한 사람이 2시간 동안 낫을 들고 열심히 일하면 200평 정원의 잔디를 깎을 수 있다고 합시다. 그런데 기술 혁신으로 창안된 예초기를 갖고 잔디를 깎으면 어떨까요? 근로자 한 사람이 동일하게 주어진 2시간 동안 1,000평 정원의 잔디를 깎을 수 있을 겁니다. 그런 의미에서 기술 혁신이 발생해도 상품 공급은 증가합니다.

**예초기**
풀을 베는 데 쓰는 기계입니다.

셋째로, 특정 상품의 생산에 대한 조세 부과는 해당 상품의 생산 비용을 높이는 결과를 초래하여 공급을 감소시키고, 보조금 지급은 그와 반대로 해당 상품의 생산 비용을 낮춰줌으로써 공급을 증가시킵니다. 환경 오염을 유발하는 주물 공장(鑄物工場)에서 생산된 농기구의 사례를 들어 볼게요. 낫의 생산자에게 공해세를 부과하면 어떤 현상이 일어날까요?

만약 낫 1개를 만드는데 생산 비용이 5,000원이고, 정부가 낫 1개당 500원의 공해세를 부과하면 낫 생산자가

**주물 공장**
쇠붙이를 녹여서 일정한 틀 속에 쇳물을 부어 굳혀서 물건을 만드는 일을 하는 공장입니다.

느끼는 총 생산 비용은 5,500원이 됩니다. 이렇게 생산 비용이 높아지면 생산자는 당연히 낫의 판매 가격을 높일 수밖에 없습니다. 그리고 낫의 판매 가격이 높아지면 낫의 수요가 줄 것이고, 낫 수요가 줄어들면 자연히 낫 공급도 감소하게 되겠지요.

정부가 생산자에게 지급하는 보조금은 그와 반대로 생각하면 됩니다. 이는 여러분의 학습 과제로 남겨 놓겠습니다. 생산 비용과 관련해서 잘 생각해 보세요. 결론적으로 조세 부과는 상품 공급을 감소시키고, 보조금의 지급은 상품 공급을 증가시킨다고 말할 수 있습니다.

넷째로, 한 상품의 공급은 그 상품과 생산 측면에서 대체 관계나 보완 관계에 있는 다른 상품의 가격 변화에도 영향을 받습니다. 콜라와 사이다는 서로 바꿔 먹을 수 있는 일종의 대체재입니다. 이때, 콜라의 가격이 상승하면 사이다의 공급은 감소합니다. 그 이유는 콜라의 가격이 상승하면 기존에 콜라와 사이다를 생산하던 생산자들이 사이다 대신 콜라의 공급을 증가시키기 때문입니다.

한편 쇠고기와 쇠가죽은 서로 보완 관계에 있는 보완재입니다. 이때, 쇠고깃값이 상승하면 쇠가죽의 공급도 증가합니다. 그 이유는 쇠고기값이 상승하면 축산업자들이 소를 시장에다 많이 내다 팔게 되고, 소들이 도축되는 과정에서 자연스럽게 쇠가죽의 공급도 늘어나기 때문입니다.

### 개별 공급과 시장 공급

시장에는 많은 생산자들이 존재합니다. 생산자 한 사람 한 사람의 공급을 개별 공급이라고 하고, 시장 전체의 공급을 시장 공급이라고 하지요. 지금까지 우리가 배운 것은 개별 생산자의 공급 곡선에 관한 것이었어요.

만약 개별 생산자의 공급이 상호 독립적이어서 서로의 공급에 아무런 영향을 미치지 않는다면 시장 공급은 개별 공급의 횡적인 합으로 정의되고, 시장 공급 곡선 역시 개별 공급 곡선의 횡적인 합으로 정의됩니다. 여기서 횡적인 합이란, 동일한 가격 수준에서 모든 생산자의 개별 공급량을 합하는 것을 의미합니다.

예를 들어, 시장에는 철수와 영희 두 사람만 존재하고, 그 두 사람은 소를 키우는 축산업자라고 가정하겠습니다. 소 한 마리의 가격이 500만 원인 수준에서 철수와 영희가 각각 소 1마리와 소 2마리를 공

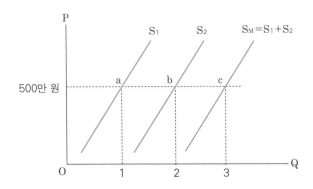

[그림 7] 개별 공급과 시장 공급의 관계

급하려고 한다면, 우리는 '소의 시장 가격이 500만 원 일 때, 소의 시장 공급량은 3마리이다.'라고 말할 수 있습니다. 그런 경우가 다름 아닌 횡적인 합의 의미입니다.

## 균형 가격의 결정 원리를 탐색하라!

앞에서 살펴본 바와 같이 시장 수요 곡선은 개별 소비자 수요 곡선의 횡적 합으로 정의되고, 시장 공급 곡선 역시 개별 생산자 공급 곡선의 횡적 합으로 정의됩니다. 그리고 상품의 시장 균형은 시장 수요 곡선과 시장 공급 곡선이 서로 만나는 점에서 결정되며 이를 균

형점이라고 하지요.

본래 균형이란 말은 물리학에서 유래된 용어라고 합니다. 물리학에서는 일반적으로 서로 상반되는 힘이 일치하여 외부 충격이나 자극이 없는 한, 현재의 상태를 지속하려는 경향이 있는 경우를 균형이라고 말하지요.

경제학에서 말하는 균형의 의미도 이것과 크게 다르지 않습니다. 경제학에서는 새로운 변화를 야기할 만한 유인이 존재하지 않는 상태, 다시 말해 소비자나 생산자 중에서 어느 누구도 현재보다 더 나은 선택을 할 수 없는 상태를 균형 상태라고 정의합니다. 그런 의미에서 균형 가격은 시장 수요량과 시장 공급량이 정확하게 일치함으로써 초과 수요나 초과 공급이 존재하지 않는 경우의 가격을 말하

교과서에는

시장에서의 균형은 수요와 공급이라는 상반된 힘이 일치하고 있는 상태를 말하며, 수요와 공급이 일치하는 지점에서 균형 가격과 균형 거래량이 결정됩니다.

고, 그 가격 하에서 이루어지는 거래량을 균형 거래량이라고 정의합니다.

이제 시장 수요 곡선과 시장 공급 곡선을 이용해서 실제로 시장에서 균형 가격과 균형 거래량이 어떻게 결정되는지 살펴보도록 하겠습니다. 이 문제는 어느 특정 가격에서 시장 수요량과 시장 공급량이 정확하게 일치하지 않았을 경우, 어떤 현상이 일어나는지를 관찰해 보면 쉽게 이해할 수 있습니다.

[그림 8]에서 보는 바와 같이 글러브 가격이 30,000원인 경우에는 시장에서 글러브의 품귀 현상이 나타납니다. 그 가격에서 소비자들은 글러브를 300개를 사려고 하는데 반해, 생산자들은 100개만 공급하기 때문입니다. 이 경우 글러브가 200개만큼 부족하게 되지요. 이러한 현상을 경제학에서는 초과 수요라고 말합니다. 시장에서 초과 수요가 발생했다는 것은, 곧 그 가격에서 자신이 원하는 만큼의 상품을 구입하지 못한 소비자가 존재한다는 것을 의미합니다.

**품귀**
물건이 부족하여 구하기 어려운 것을 뜻합니다.

30,000원에서 자신이 원하는 글러브를 구입하지 못한 소비자들은 30,000원보다 좀 더 높은 가격을 지불하고서라도 글러브를 구입하려고 할 것입니다. 그러면 글러브 가격은 서서히 올라가기 시작합니다. 결국 글러브 가격이 35,000원이 되면 더 이상의 초과 수요 현상이 일어나지 않습니다. 그 이유는 글러브에 대한 시장 수요량과 시장 공급량이 200개로 정확하게 일치하기 때문입니다.

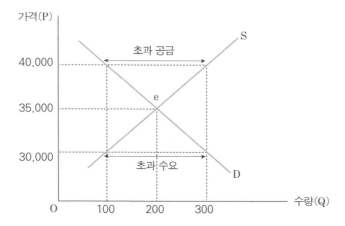

가격(P)

40,000 ┈┈┈┈┈┈┈ 초과 공급 ┈┈┈┈ S

35,000 ┈┈┈┈┈┈┈ e

30,000 ┈┈┈┈┈┈┈ 초과 수요 ┈┈ D

O    100    200    300    수량(Q)

**[그림 8] 야구 글러브 시장의 균형 가격과 균형 거래량**

한편, 글러브 가격이 40,000원인 경우에는 어떨까요? 그 가격에서 소비자들은 글러브를 100개만 사려고 하는데 반해, 생산자들은 300개를 공급하기 때문에 글러브가 200개만큼 남아돌게 됩니다. 이러한 현상을 경제학에서는 초과 공급이라고 말합니다. 시장에서 초과 공급이 발생했다는 것은, 곧 그 가격에서 자신이 원하는 만큼의 상품을 팔지 못하는 생산자가 존재한다는 것을 의미합니다.

40,000원에서 자신이 원하는 만큼의 글러브를 팔지 못한 생산자들은 40,000원 보다 낮은 가격에서라도 글러브를 팔려고 할 것입니다. 그러면 글러브 가격은 서서히 내려가기 시작합니다. 이런 과정을 통해 글러브 가격이 35,000원 수준에 도달하면 더 이상의 초과 공급 현상은 일어나지 않습니다. 그 이유는 35,000원에서 글러브에 대한 시장 수요량과 시장 공급량이 200개로 정확하게 일치하기 때

문입니다.

이처럼 해당 상품의 초과 수요 현상이 발생하면 상품 가격이 상승하고, 초과 공급 현상이 나타나면 상품 가격은 하락합니다. 그리고 이러한 일련의 조정 과정은 시장 수요량과 시장 공급량이 정확하게 일치될 때까지 계속됩니다. 경제학에서는 이러한 일련의 조정 과정을 '모색 과정(tatonnement process)'이라고 정의합니다.

### 균형의 안정성 문제

이제 균형의 안정성 문제를 살펴보겠습니다. 안정적 균형이란 균형 상태에서 이탈했을 경우, 원래의 균형 상태로 복원시켜주는 '회복력이 존재하는 균형'을 말합니다. 그에 반해 불안정적 균형은 균형 상태에서 일단 이탈을 하면, 계속 이탈하고자 하는 힘이 작용해서 최초의 균형 상태로 되돌아오지 못하는 균형을 뜻합니다.

[그림 9]에서 볼 수 있듯이 산꼭대기에 놓여 있는 1번 공에 힘을 가하면 어떻게 될까요? 1번 공은 산 아래로 굴러 내려와 좌우로 요동을 치다가 계곡의 정중앙에서 정지하게 될 것입니다. 이는 최초의 균형 상태였던 산꼭대기로 되돌아갈 수가 없다는 뜻이기도 합니다. 경제학에서는 그러한 균형을 불안정적 균형이라고 말합니다.

그러나 계곡의 정중앙에 있는 3번 공에 힘이나 충격을 가하면 처음에는 공이 좌우로 요동을 치다가 결국 최초의 균형 상태인 정중앙의 위치에서 정지할 것입니다. 이처럼 최초의 균형 상태로 되돌아가

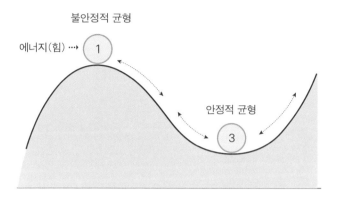

불안정적 균형

에너지(힘) ⋯→ ①

안정적 균형

③

[그림 9] 안정적 균형과 불안정적 균형

는 균형을 안정적 균형이라고 정의합니다.

　우리가 배우는 균형은 안정적 균형에 국한된 것입니다. 왜냐하면 불안정적 균형의 문제는 대학생 이상의 수준 높은 사고를 필요로 하기 때문입니다. 지금은 시장에서 균형 가격이 결정되는 원리도 안정적 균형의 원리와 같다는 사실을 기억한다면 경제학 공부에 큰 도움이 될 것입니다.


## 배분과 분배의 차이

지금까지 수요와 공급에 대해서 자세히 살펴보았습니다. 이제는 우리가 왜 수요와 공급 이론을 철저하게 학습해야 하는가에 대한 본질적인 의문을 품어야 할 시점입니다. 이는 경제학을 배워야 하는 본질적인 이유와도 일맥상통합니다. 여러분은 경제학 공부를 열심히 해야만 하는 진정한 이유가 뭐라고 생각하십니까?

아마도 '희소한 자원을 효율적으로 활용하여 최소의 비용으로 최대의 효과를 거둘 수 있는 전략적 사고를 연마하기 위해서'라는 답이 가장 정확한 답이 아닐까 싶습니다. 그런 관점에서 이제는 희소한 자원의 배분과 관련되는 사항들에 대해 학습하도록 하겠습니다.

시장에서 희소한 자원이 효율적으로 배분되기 위해서는 무엇보다도 '보이지 않는 손'이 완벽하게 작동해야 합니다. 물론 그런 경우에는 정부가 개입할 필요도 없겠지요. 그러나 우리 현실은 그렇지 못합니다. '보이지 않는 손'의 자원 배분 기능이 제대로 작동하지 않아서 희소한 자원이 아깝게 낭비되는 경우가 비일비재하지요. 그때는 정부가 '규제(regulation)'라는 칼을 들고 시장에 개입해서 자원의 비효율적인 배분 문제를 시정하려고 노력합니다.

그런데 여러분이 경제학책을 읽다 보면, 한 가지 재미있는 경제 용어를 발견할 것입니다. 바로 배분(配分)과 분배(分配)라는 용어인데, 이 둘은 사용하는 한자도 똑같습니다. 다만, 글자의 순서만 앞뒤로 바뀌어져 있을 뿐이지요. 때문에 많은 학생들은 배분과 분배를 같은 개념으로 착각합니다. 그러나 배분과 분배는 결코 같은 개념이 아닙니다. 이제부터 두 단어 사이에 어떤 차이가 있는지 살펴보겠습니다.

**소비 측면에서의 배분**

우선 자원 배분(resource allocation)이라는 말에서 볼 수 있듯이, 배분은 항상 '자원'이라는 단어와 다정한 친구처럼 늘 붙어 다닙니다. 그에 반해 분배(distribution)는 항상 '소득'이라는 단어와 어깨동무를 하고 다니지요. 그럼 지금부터 그 이유와 관련해서 좀 더 상세하고 명쾌하게 설명하도록 할게요.

우선 배분은 소비와 생산 과정에 모두 적용될 수 있는 경제 용어입니다. 그에 반해 분배는 생산이 이루어진 이후에만 적용될 수 있지요. 배분과 분배의 차이가 좀 더 명확하게 드러날 수 있도록 하나의 사례를 살펴보겠습니다.

여러분이 하루 24시간 중에 10시간은 공부하는 시간, 6시간은 자유 시간, 8시간은 취침 및 휴식 시간으로 정했다고 합시다. 이때 시간은 여러분에게 있어서 일종의 희소한 자원입니다. 주어진 시간에 하기로 했던 일을 하지 않고 아르바이트를 하면 용돈을 벌 수 있는데 이를 생각하면 더 이해하기 쉬울 것입니다. 물론 한번 흘러가면 되돌릴 수 없는 게 시간이기도 하지요.

그런데 여러분이 시간이란 자원을 효율적으로 사용하기 위해서는 무엇보다도 6시간으로 책정해 놓은 자유 시간을 어떻게 소비하는 게 가장 좋을지에 대해 진지하게 고민해야 합니다. 자유 시간에 자신이 하고 싶은 활동과, 그 활동에 대한 만족도 및 소요 시간에 대해서 구체적으로 생각해 보아야 한다는 뜻입니다. 그런 다음, 자신에게 소중한 자원인 시간이 낭비되지 않도록 합리적인 의사 결정을 할 필요가 있습니다. 다음 표는 여러분 개인의 활동 사항, 활동에 대한 만족도 및 소요 시간을 정리해 놓은 것입니다.

| 활동의 종류 | 만족도 | 소요 시간 |
|---|---|---|
| 친구와의 잡담 | 400 | 2 |
| 영화 감상 | 250 | 2 |
| 운동(농구, 축구, 야구 등) | 300 | 2 |
| 아빠와의 낚시 | 80 | 6 |
| 양로원 방문 및 자원봉사 | 100 | 3 |

만약 이 표에서 여러분이 자유 시간으로 설정한 6시간을 친구와 잡담하기, 운동, 영화 감상 순으로 사용해서 총 950의 만족도를 얻었다면 여러분은 시간을 아주 잘 활용한 사람입니다. 이런 경우에 우리는 시간이라는 희소한 자원을 효율적으로 배분했다고 말할 수 있습니다.

그러나 자유 시간 6시간을 모두 아빠와의 낚시에 사용했다면, 여러분은 소중한 자원을 낭비하고 만 셈입니다. 구체적으로는 870만큼의 자원 낭비를 한 셈이지요. 그 이유는 효율적인 자원 배분에 성공했을 경우의 만족도는 950인데 여러분은 80만큼의 만족도만 얻었기 때문입니다. 이럴 때는 자원의 효율적 배분에 실패한 경우에 해당됩니다. 때문에 이러한 의사 결정으로 시간 관리, 즉 희소한 자원의 관리에 실패한 사람은 합리적인 소비자라고 볼 수 없습니다.

**생산 측면에서의 배분**

여러분이 상품을 생산하는 생산자이고, 여러분 앞에는 노동 100단위와 자본 200단위가 주어져 있으며, 또 여러분이 이러한 생산 요소를 가지고 만들 수 있는 생산물의 종류와 시장 판매 가격이 다음과 같다고 가정해 보겠습니다.

| 생산물의 종류 | 단위당 가격(원) | 생산량(개) | 총 판매 수입(원) |
|---|---|---|---|
| 운동화 | 5,000 | 20 | 100,000 |
| 낚싯대 | 60,000 | 5 | 300,000 |
| 여성 의류 | 200,000 | 1 | 200,000 |
| 가방 | 70,000 | 6 | 420,000 |
| 만년필 | 45,000 | 5 | 225,000 |

여러분은 주어진 노동 100단위와 자본 200단위를 가지고 어떤 상품을 제일 먼저 만들겠습니까? 만약 가방을 생산하기로 마음먹었다면, 여러분은 노동과 자본이라는 희소한 자원을 낭비하지 않는 합리적인 생산자가 될 것입니다. 왜냐하면 주어진 자원을 이용해서 가장 많은 판매 수입 420,000원을 거둘 수 있기 때문입니다.

그렇지만 노동 100단위와 자본 200단위를 가지고 가방 이외의 상품을 생산한다면, 거기에는 반드시 자원의 낭비라는 문제가 발생할 수밖에 없습니다. 최악의 경우는 같은 양의 생산 요소를 가지고 운동화를 생산해서 100,000원의 판매 수입을 올리는 경우입니다.

왜냐하면 가장 적은 판매 수입으로 자원의 낭비 현상이 가장 극심하게 나타나기 때문입니다. 이를 수치로 표현하면 320,000원만큼 자원의 낭비가 발생했다고 말할 수 있습니다. 그런 생산자는 시장에서 도태될 수밖에 없습니다. 이런 것이 다름 아닌 생산 측면에서의 배분 문제입니다.

### 분배의 문제

그럼 이제 분배에 대해서 살펴볼까요? 분배는 소비와 생산 과정에서 나타나는 게 아닙니다. 분배는 생산이 이루어진 이후에 발생하는 개념입니다. 예를 들어 여러분이 가방을 생산하여 자원의 낭비가 없는 효율적인 생산 활동이 이루어졌고, 그로 인해 가장 많은 판매 수입인 420,000원을 얻었다고 합시다. 그러면 이제 생산자는 가방을 생산하는 과정에 기여한 사람들에게 소득이라는 명목으로 그 대가를 지급해 주어야 합니다.

이를테면 노동을 제공한 근로자에게는 임금을, 자본을 제공한 사람에게는 이자를, 토지를 제공한 사람에게는 토지의 임대료인 지대를, 그리고 생산자 본인에게는 이윤을 지불해야 합니다. 그리고 이렇게 분배된 소득은 근로자의 임금 소득과 마찬가지로 경제 주체들이 경제생활을 영위할 수 있는 원천으로 활용됩니다.

결국 소득 분배란 판매 수입이 생산 과정에 기여한 사람들의 몫으로 나눠지는 것을 말합니다. 예를 들어 가방의 판매 수입인 420,000원은 임금 소득 100,000원, 이자

교과서에는

• 사람들은 다양한 방법으로 생산 활동에 참여하는데, 이에 대한 대가로 임금, 이자, 지대 등의 소득을 얻게 됩니다.

• 사람들은 자신이 가진 자원을 통해 소득을 얻는데, 이러한 분배 활동의 결과로 재화나 서비스 등을 소비할 수 있는 능력을 갖게 됩니다.

소득 100,000원, 지대 소득 100,000원, 이윤 소득 120,000원으로 나뉘질 수 있습니다. 그래서 각 요소의 분배 소득을 극대화하기 위해서는 기본적인 이윤 극대화를 위해 노력해야 하지요.

그런데 모두 합심해서 파이를 키우자는 데는 대다수의 사람들이 기꺼이 동의하지만, 키운 몫을 나누는 과정에서는 그렇지 못한 게 우리의 냉혹한 현실입니다. 그 이유는 무엇일까요? 가장 먼저 떠오르는 이유는 각 개인이 생산 과정에서 기여한 정도를 객관적으로 측정한다는 게 말처럼 쉽지 않기 때문입니다. 따라서 대부분의 사회에서는 나름대로의 분배 규범, 즉 법과 제도 그리고 관행으로 이러한 문제를 해결해 나가고 있습니다.

그럼에도 불구하고 아직까지 모든 사람들이 인정하고 납득할 만큼의 완벽한 분배 규범을 정립하지 못했기 때문에 항상 분배 영역에서는 시끄러운 고성과 삿대질이 끊이질 않고 있습니다. 사회적 합의에는 이르지 못했지만 지금까지 우리 사회를 지배해 온 분배 규범으로는 완전 균등 분배, 고통의 크기에 따른 분배, 필요에 따른 분배, 능력의 차이를 반영하는 분배 등을 들 수 있습니다.

첫째로, 완전 균등 분배는 말 그대로 생산에 참여한 모든 사람이 각자 똑같은 몫을 분배받는 것이 공평한 분배라고 간주하는 분배 규범을 의미합니다. 이런 경우에는 어느 누구도 열심히 일하려고 하지 않을 것입니다. 그 주된 이유는 열심히 일하는 사람에게 주어지는 특혜나 이익이 전혀 존재하지 않기 때문입니다. 따라서 완전 균등 분배가 만연되면, 생산성 저하와 비효율 문제가 필연적으로 발생할

**블루칼라**
생산직에 종사하는 육체 노동자를 의미하며 이들이 공장에서 푸른 작업복을 입는 데서 나온 말입니다.

**화이트칼라**
사무직 또는 관리직에 근무하는 사람을 지칭하며, 흰 와이셔츠를 입는 데서 나온 말입니다.

**노동 생산성**
일정한 시간에 투입된 노동량에 대한 산출량의 비율을 말하며, 생산의 능률성을 의미합니다.

수밖에 없습니다.

둘째로, 고통의 크기에 따른 분배는 3D(dirty, difficult, dangerous)업종에 종사하는 블루칼라들의 보수가 화이트칼라들의 보수보다 더 높아야 한다는 논리입니다. 이런 분배 규범은 노동 생산성이 높은 그룹의 사람들에게 더 많은 보수를 주어야 한다고 주장하는 사람들의 거센 비판을 받을 수밖에 없습니다.

셋째로, 필요에 따른 분배는 돈을 더 필요로 하는 사람에게 더 많은 보수를 주어야 한다는 논리를 말합니다. 이는 젊은 사람보다는 상대적으로 나이가 많은 사람에게 더 많은 보수가 돌아가게 만드는 것을 말합니다. 왜냐하면 이들은 자녀 결혼 비용, 자녀 교육 비용, 가족 부양 비용, 노후 준비 비용 등으로 젊은 사람들보다 훨씬 더 많은 돈이 필요하기 때문입니다.

근로자의 근무 경력을 산정해서 기본급을 달리 책정하거나 같은 직급에서 동질, 동량의 노동 활동을 수행하더라도 부양가족의 수에 따라 가족 수당을 차등 지급하는 현행 보수 체계가 이러한 논리를 부분적으로 반영했다고 볼 수 있습니다. 이런 분배 규범 역시 노동 생산성이 보수 결정의 핵심 요인이라고 주장하는 젊은 사람들로부터 '시대착오적'이라는 비판을 받을 수밖에 없습니다.

넷째로, 능력의 차이를 반영하는 분배 규범은 각 개인의 근무 능력을 기초로 그에 부합되는 보수를 지급해야 한다는 주장을 말합니다. 즉 업무 능력이 뛰어난 사람에게는 그렇지 못한 사람보다 더 많은 보수를 주어야 한다고 생각하는 것을 의미하지요. 요즘 대부분의 기업들이 이런 기준에 입각해서 성과 연봉제를 실시하고 있지만, 그렇다고 해서 이러한 분배 규범이 완전하다고는 볼 수 없습니다. 왜냐하면 능력을 평가하는 기준을 놓고 사회적으로 완전한 합의가 이루어진 상태가 아니기 때문입니다.

지금까지 살펴본 것으로도 알 수 있듯이 분배의 영역은 본질적으로 어떤 상황에서 임의의 어떤 특정인을 다른 사람들보다 사회적으로 더 우대해 줄 것인가를 결정하는 영역입니다. 그런데 이 과정에서 상대적으로 소외된 사람들은 사회에서 통용되는 분배 규범에 대해서 강한 거부 반응을 보일 게 분명합니다. 따라서 우리는 국민 모두가 웃으면서 화해하고 합심 단결할 수 있는 그날을 위해 서로 배려하고 양보하는 마음으로 많은 사람들이 공감할 수 있는 분배 규범을 정립하기 위해서 노력해야 합니다.

# 다양한 시장의 모습

시장은 거래되는 상품의 종류와 경쟁의 형태에 따라 다양하게 구분할 수 있습니다. 이번 수업에서는 각 시장의 특징을 살펴보고, 그 안에서 소비자와 생산자는 어떤 역할을 하는지 알아봅시다.

## 수능과 유명 대학교의 논술 연계

2006학년도 수능 경제 20번

## 생산물 시장과 생산 요소 시장

시장은 거래 대상에 따라서 크게 생산물 시장과 생산 요소 시장으로 나눌 수 있습니다. 쉽게 말하면 상품을 거래하는 시장이 생산물 시장이고, 생산 요소를 사고파는 시장이 생산 요소 시장입니다. 우리가 두 번째 수업에서 공부한 수요와 공급 이론이 바로 일반적인 상품 시장을 전제로 설명한 것이었지요.

**교과서에는**

시장은 어떤 상품이 거래되느냐에 따라서 생산물 시장과 생산 요소 시장으로 나눌 수 있습니다.

그럼 이번 수업은 생산 요소 시장에 대해서 알아보는 것으로 시작하겠습니다. 생산 요소 시장에 관한 이론은 경제 주체들의 소득이 어떻게 결정되는가를 설명하는 데에도 큰 도움이 될 거예요.

그 이유에 대해 간단히 예를 들어 설명해 볼게요.

노동이라는 생산 요소만 갖고 있는 어느 한 근로자의 소득은 그가 생산 과정에서 제공한 노동의 시간당 임금에다 노동 투입량을 곱한 값으로 정의됩니다. 이때, 그 근로자가 보유한 노동의 시간당 임금을 결정해 주는 곳이 다름 아닌 노동 시장이지요. 따라서 경제 주체의 소득에 대해 이해하기 위해서는 반드시 생산 요소 시장 이론을 학습해야 합니다. 그중에서도 생산 요소에 대한 수요와 공급 이론을 체계적으로 학습해야만 생산 요소의 균형 가격과 균형 거래량의 결정 원리를 정확하게 이해할 수 있습니다. 그럼 먼저 생산 요소 시장과 생산물 시장의 몇 가지 차이점에 대해 자세히 알아봅시다.

사실 생산물 시장과 생산 요소 시장은 수요와 공급의 원리에 따라서 균형 가격과 균형 거래량이 결정된다는 점에 있어서는 별다른 차이가 없습니다. 다만, '수요의 주체가 누구인가?', 그리고 '거래 대상이 무엇이냐?'에 대한 차이가 존재하지요.

수요의 주체가 소비자인 경우는 생산물 시장이고, 수요의 주체가 생산자인 경우는 생산 요소 시장입니다. 또 재화와 서비스 같은 상품이 거래되는 시장은 생산물 시장이고, 노동을 비롯한 여러 가지 생산 요소가 거래되는 시장은 생산 요소 시장이지요.

생산물 시장에서 상품에 대한 수요는 직접 수요 또는 1차 수요라고 말합니다. 그에 반해 생산 요소 시장에서 생산 요소에 대한 수요는 직접 수요가 아닙니다. 왜 그럴까요? 시장에서는 상품에 대한 소비자들의 수요가 먼저 있어야만, 생산자가 그것을 생산하기 위한 과정에서 여러 가지 생산 요소를 필요로 하기 때문입니다. 그런 의미에서 생산 요소에 대

**교과서에는**

노동이나 자본과 같은 생산 요소에 대한 수요는 생산물 시장에 상품을 공급하기 위해 파생된 수요입니다.

한 수요를 파생 수요 또는 2차 수요라고 말하지요. 때문에 2차 수요는 간접 수요라고 이해해도 무방합니다.

파생 수요

생산 요소에 대한 수요가 상품에 대한 수요로부터 파생되었다는 의미입니다.

또 다른 차이점으로는 각 시장에서 경제 주체가 어떤 관심을 가지고 있는가 하는 것입니다. 생산물 시장에서는 어떻게 하면 소비자의 주관적인 만족도, 즉 효용을 극대화시킬 것인가의 문제가 최대 관심사입니다. 그러나 생산 요소 시장에서는 생산자의 이윤 극대화와 생산 비용 최소화가 최대 관심사입니다. 그도 그럴 것이 생산자에게는 어떻게 하면 생산 비용을 줄여서 남들보다 좀 더 많은 이윤을 얻을 것이냐가 최대의 관심사이기 때문입니다.

생산물 시장에서 상품의 수요는 효용을 극대화시키기 위한 조건으로부터 도출되고, 생산 요소 시장에서 생산 요소에 대한 수요는 기업의 이윤을 극대화시키는 조건으로부터 도출되는 것도 거기서 비롯된 것입니다. 사

교과서에는

시장에서 생산자는 제한된 자원으로 최대의 이윤을 얻고자 하고, 소비자는 제한된 소득으로 큰 만족을 얻고자 합니다.

실 이것은 여러분의 학습 수준을 넘는 내용이기 때문에 생략합니다만, 대학에 가서 경제학을 본격적으로 공부할 경우에는 반드시 이해하고 넘어가야 하는 중요한 내용이랍니다.

다음으로 생산물 시장에서는 소비자의 소득이 주어졌다는 가정 하에 어떤 상품을 얼마만큼 구입해야 소비자 개인의 주관적인 만족도를 극대화시킬 수 있는가를 다룹니다. 그에 반해 생산 요소 시장은 소비자의 소득이 어떤 과정을 통해서 결정되는지를 다루지요.

따라서 경제학에서는 생산 요소 시장 이론을 기능별 소득 분배

이론이라고 정의하기도 합니다. 여기서 '기능'이라는 단어가 의미하
는 것은 생산 과정에서 해당 생산 요소가 어떤 기능 또는 역할을 담
당했느냐, 즉 노동으로서의 역할을 했는가, 아니면 자본으로서 기여
했는가를 의미하지요.

　　마지막으로 생산물 시장에서는 효율적인 자원의 배분이 중요한
문제가 됩니다. 그런데 자원이 효율적으로 배분되었는가, 아니면 그
렇지 않은가는 여러 가지 방법으로 설명할 수 있어요. 입문 수준의

초급 경제학에서는 잉여(surplus)란 개념을 이용해서 자원 배분의 효율성 여부를 평가합니다. 소비자 잉여와 생산자 잉여가 그 대표적인 사례에 속하지요. 잉여와 관련된 이야기는 다음 장에서 소개할 테니 기대해 주세요.

물론 생산 요소 시장에서도 자원 배분의 효율성은 주된 관심사입니다. 노동, 토지, 자본 등과 같은 생산 요소도 희소한 자원에 해당되기 때문이지요. 그러나 생산 요소 시장에서는 잉여의 개념이 아니라 전용 수입이나 경제 지대라는 개념을 가지고 자원 배분의 효율성 문제를 다룬다는 사실에 유념해야 합니다.

그렇다면 여러분이 지금의 내용을 더욱 잘 이해하도록 하기 위해서 소비자 잉여, 생산자 잉여, 전용 수입, 경제 지대의 개념과 그 차이점에 대해 설명하도록 할게요. 물론 이러한 개념들도 모두 나의 연구로 인해 탄생한 것이란 사실 꼭 기억해 두세요.


## 소비자 잉여와 생산자 잉여의 비밀

잉여란 단어를 사전에서 찾아보면, '쓰고 난 나머지'로 정의되어 있습니다. 그렇다면 소비자 잉여는 어떻게 정의하는 게 가장 바람직할까요? 만약 잉여를 사전적 의미로 해석한다면, 소비자 잉여는 아마도 '소비자가 쓰고 난 나머지'가 되겠지요. 그런데 경제학에서는 소비자 잉여를 그런 식으로 정의하지 않습니다.

나는 일찍이 소비자 잉여를 '소비자가 어떤 재화나 서비스를 소비하기 위해서 기꺼이 지불할 용의가 있는 가격과 실제로 지불한 가격과의 차액'이라고 정의한 바 있습니다. 소비자 잉여의 개념을 최초로 개념화시킨 사람이 바로 나, 마셜이라는 사실 알고 있었나요?

그럼 이 개념에 대해서 쉽게 이해할 수 있도록 한 가지 사례를 들어서 설명해 보겠습니다. 만약 여러분이 어느 특정 회사가 만든 운동화를 굉장히 좋아한다고 가정합시다. 여러분은 그 운동화를 너무 좋아한 나머지 50만 원을 주고서라도 그것을 살 생각이 있었는데, 실제로 시장에서 20만 원에 구입할 수 있었다면 50만 원에서 20만 원을 뺀 30만 원이 다름 아닌 소비자 잉여가 됩니다.

[그림 10]에서 볼 수 있듯이 운동화에 대한 균형 가격과 균형 거래량은 각각 $P_e$와 E로 결정됩니다. 그런데 소비자가 운동화를 0E개만큼 구입하기 위해서 기꺼이 지불할 의사가 있었던 금액은 사다리꼴 0abE입니다. 그러나 소비자가 시장 거래를 통해서 실제로 지불한 금액은 1개당 운동화 가격인 $P_e$에다 운동화 거래량인 0E개를 곱해서 얻은 $0P_ebE$입니다.

이 설명에 대해 이해가 되지 않는 여러분들은 두 번째 수업 내용을 다시 한 번 복습하기 바랍니다. 두 번째 수업에서 우리는 소비자가 기꺼이 지불할 의사가 있는 최대 가격을 수요 가격이라고 정의하고, '수요 가격=최대 가격=수요 곡선의 높이'가 성립함을 설명한 바 있습니다.

이를 이 그림에 적용해 보면, 운동화를 2개 구입할 경우 소비자가

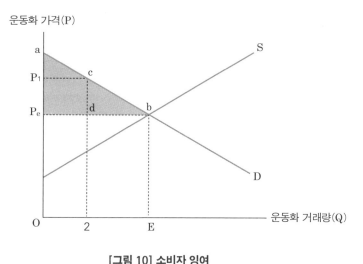

운동화 가격(P)

[그림 10] 소비자 잉여

기꺼이 지불하고자 했던 가격은 $0P_1(=c2)$만큼이었습니다. 그런데 시장에서는 운동화 1개당 가격이 $P_e$이기 때문에 소비자는 운동화를 추가적으로 1개 더 구입할 때 cd만큼의 소비자 잉여를 얻을 수 있습니다. 이와 같은 논리는 운동화를 0E만큼 구입할 때까지 계속됩니다. 따라서 이 그림에서 소비자 잉여는 삼각형 aPeb로 정의됩니다.

그럼 이번에는 생산자 잉여에 대한 개념을 살펴보도록 합시다. 생산자 잉여란, 생산자가 어떤 재화나 서비스를 판매해서 얻은 실제 판매 수입이 생산자가 해당 재화나 서비스를 공급하면서 최소한 받아야겠다고 생각했던 예상 판매 수입을 초과하는 부분을 말합니다.

예를 들어 치킨집 사장인 명수 씨가 한 마리 분량의 후라이드 치킨을 만드는데 12,000원의 비용이 든다면, 그는 적어도 12,000원 이

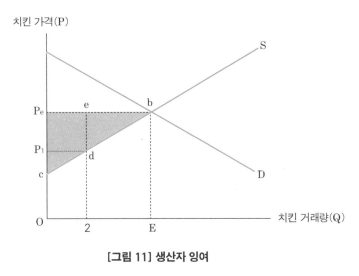

치킨 가격(P)

[그림 11] 생산자 잉여

상은 받아야만 후라이드 치킨을 공급할 것입니다. 그런데 명수 씨가 시장에서 후라이드 치킨을 17,000원에 팔았다면, 명수 씨의 생산자 잉여는 5,000원으로 정의됩니다.

[그림 11]에서 치킨에 대한 균형 가격과 균형 거래량은 각각 $P_e$와 E로 결정됩니다. 그런데 생산자가 치킨을 0E만큼 공급하기 위해서는 적어도 판매 수입이 생산 비용과 같거나 더 많아야 합니다. 만약 판매 수입이 생산 비용보다 적다면, 생산자는 손해가 발생하기 때문에 치킨을 공급하지 않을 것입니다.

따라서 생산자가 치킨을 0E만큼 공급하기 위해서는 적어도 판매 수입이 사다리꼴 0cbE와 같거나 커야 합니다. 그런데 위 그림을 보면 생산자가 시장 거래를 통해서 얻게 된 판매 수입의 크기는 치킨의 시장 가격인 $P_e$에다 치킨의 공급량인 0E를 곱해 준 값인 직사각형 $0P_ebE$입니다. 우리는 앞의 수업에서 생산자가 최소한 받아야겠다고 생각하는 최소 가격을 공급 가격이라고 정의하고, '공급가격＝최소 가격＝공급 곡선의 높이'임을 설명한 바 있습니다.

이 그림을 보면 치킨을 2마리 공급할 경우 생산자가 최소한 받아야겠다고 생각했던 가격은 $0P_1(=d2)$였습니다. 그런데 시장에서는 치킨 1마리가 $P_e$에 거래되기 때문에 생산자는 치킨을 추가적으로 1개 더 공급할 때 de만큼의 생산자 잉여를 얻을 수 있습니다. 이와 같은 논리는 치킨을 0E만큼 공급할 때까지 계속됩니다. 따라서 생산자가 얻게 되는 생산자 잉여는 실제로 얻은 판매 수입 $0PebE$에서 최소한 받아야겠다고 생각했던 예상 판매 수입 0cbE를 빼 준 값으로 정의되는 cPeb입니다.

### 효율적인 자원 배분의 결과

지금까지 개별 소비자와 개별 생산자가 시장 거래를 통해서 얻게 되는 소비자 잉여와 생산자 잉여에 대해서 알아보았어요. 이러한 소비자 잉여와 생산자 잉여는 시장 전체의 관점에서도 살펴볼 수 있지요. 한 시장에 있는 모든 소비자들의 소비자 잉여를 합한 것을 시장 소비자 잉여라고 하고, 한 시장에 있는 모든 생산자들의 생산자 잉여를 합한 것을 시장 생산자 잉여라고 정의합니다. 그리고 시장 소비자 잉여와 시장 생산자 잉여를 합한 것을 사회적 잉여(social surplus), 총 잉여(total surplus), 총 편익(total benefits)이라고 말하지요.

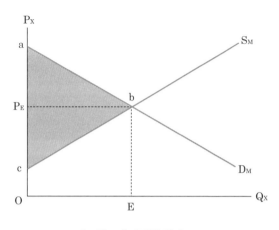

[그림 12] 사회적 잉여

한편, 이미 앞에서 언급한 것처럼 효율적인 자원 배분은 여러 가지 측면에서 정의할 수 있습니다. 그럼 잉여와 효율적인 자원 배분 간에는 어떤 의미가 숨겨져 있는지에 대해 좀 더 살펴봅시다.

임의의 X재 상품이 시장에서 거래되는 경우, 시장의 모든 소비자나 생산자는 이 상품이 거래되지 않을 때에 비해 시장 소비자 잉여와 시장 생산자 잉여만큼의 이익을 얻을 수 있습니다. 그리고 사회 전체적으로는 시장 소비자 잉여와 시장 생산자 잉여를 합한 것, 즉 사회적 잉여만큼 이익이 발생합니다.

만약 위 그림에 해당하는 시장에 소비자와 생산자 둘만 존재한다면 사회적 잉여의 크기는 삼각형 abc로 정의됩니다. 그런데 사회적 잉여의 크기가 삼각형 abc로 정의되기 위해서는 시장의 가격 기능이 완벽하게 제 기능을 다해야 합니다.

만약 시장 구조가 불완전한 경쟁의 형태, 즉 독점적 경쟁, 독과점 시장의 형태가 나타난다면 시장의 가격 기능이 제 역할을 다하지 못할 거예요. 그런 경우의 사회적 잉여는 삼각형 abc보다 작게 나타납니다. 때문에 어느 한 시장에서 측정한 사회적 잉여가 삼각형 abc처럼 극대화되는 경우에 한해, 우리는 '그 시장에서 효율적인 자원 배분이 이루어졌다.'고 말하는 것입니다.

## 전용 수입과 경제 지대

경제학을 처음 접하는 사람들이 어려워하는 개념이 또 하나 있습니다. 그것은 다름 아닌 생산자 잉여와 경제 지대입니다. 이 둘을 혼동을 하는 가장 큰 이유는 그림 상에 나타나는 형태가 거의 똑같기 때문입니다. 그러나 경제적 관점에서 바라볼 때, 생산자 잉여와 경제 지대는 전혀 다른 개념입니다. 그럼 먼저 그 문제에 대해서 살펴봅시다.

생산자 잉여는 상품 시장에서 정의되는 개념이고, 경제 지대는 생산 요소 시장에서 정의되는 개념입니다. 이렇게 정의되는 시장 자체가 다르다는 게 아마도 가장 큰 차이점이 아닐까 싶군요. 또 생산자 잉여는 '고정된 그 무엇의 대가'와는 전혀 무관한데 반해, 경제 지대는 '고정된 생산 요소의 대가'라는 점도 하나의 차이점이라고 말할 수 있습니다.

**부존량**

거래에 의해 받은 것이 아니라, 원래부터 가지고 있던 재화의 양을 말하는 것입니다.

흔히 '지대'라고 하면, 토지처럼 부존량이나 공급량이 고정되어 있는 생산 요소의 이용에 따른 대가를 말합니다. 경제 이론의 발전 초기에는 다른 사람의 토지를 빌려 쓰는 대가로 지불하는 임대료를 지대라고 정의했습니다. 그것은 공급량이 고정된 생산 요소의 대표적 사례가 토지였기 때문입니다.

그러나 경제 사회가 급속하게 발전하면서 생산 요소의 중요성에 대한 무게 중심이 토지에서 노동, 자본, 기술 쪽으로 변해갔습니다. 그와 함께 기존의 지대 개념도 고정성의 특성을 띤 다른 생산 요소로 확대되기에 이르렀지요. 그런 와중에서 경제 지대라는 새로운 개념이 탄생하게 된 것입니다.

경제 지대란, 한마디로 '생산 요소의 공급이 비탄력적이기 때문에 발생하는 일종의 가외(加外) 소득'이라고 정의할 수 있습니다. 조금 어렵지요? 지금부터 천천히 설명해 볼 테니 잘 들어 보세요. 먼저 '생산 요소의 공급이 비탄력적'이라는 말의 의미부터 알아봅시다.

돈만 주면 언제든지, 그리고 얼마든지 필요한 사람을 구할 수 있다면, 그것은 노동이라는 생산 요소의 공급이 탄력적인 경우입니다. 반면 제아무리 많은 돈을 준다고 해도 원하는 사람을 쉽게 구할 수 없는 경우, 노동의 공급이 비탄력적이라고 말합니다.

식당 종업원과 유명 가수가 있다고 합시다. 사실 식당 종업원은 개인이 마음을 먹기만 하면, 누구나 할 수 있는 직업이라고 볼 수 있어요. 그래서 식당에서는 사람이 필요하면 쉽게 구할 수 있지요. 그만큼 공급이 탄력적으로 이루어지는 것입니다.

하지만 '서태지와 아이들'이나 '소녀시대'와 같은 유명 가수는 누구나 할 수 있는 직업이 아닙니다. 그러니 대중들에게 자신의 이름을 널리 알리는 데 성공한 극소수의 연예인들을 '스타'라고 말하는 것이겠지요. 이렇게 스타라는 단어의 이면에는 하늘에 있는 별을 따오는 것처럼 희소한 존재라는 경제적 의미가 내재되어 있습니다. 그만큼 유명 가수는 그 공급이 매우 비탄력적이라고 말할 수 있어요. 다시 말해 특정 연예인은 아무나 대체할 수 없기 때문에 공급을 늘릴 수 없는 것이지요.

식당 종업원과 유명 가수의 몸값을 비교해 보면 당연히 유명 가수의 몸값이 훨씬 더 높은 것을 알 수 있습니다. 그것은 유명 가수의 경제 지대가 식당 종업원의 경제 지대보다 훨씬 크기 때문입니다. 이를 좀 더 정확하게 이해하기 위해서는 전용 수입이라는 또 다른 경제 개념을 공부해야 하는데 지금부터 설명하는 것을 잘 들으면 이해할 수 있을 거예요.

소비자가 갖고 있는 생산 요소를 생산자에게 제공하면 임금 소득과 같은 요소 소득을 벌 수 있습니다. 또한 생산 요소는 여러 가지 다른 용도로 사용할 수 있지요. 예를 들어, 노동력을 갖고 있는 소비자는 아파트 공사장에서 벽돌을 나를 수도 있고, 환경미화원으로 취직할 수도 있고, 유명 가수로 일할 수도 있습니다.

이때 어떤 사람이 자신이 가지고 있는 생산 요소를 어느 특정한

**요소 소득**
노동, 토지, 자본과 같은 생산 요소에 대해 보수로 받는 소득으로서 임금, 지대, 이자 등의 형태로 나타납니다.

용도로 공급한다는 것은, 다른 것보다는 현재 선택한 용도로 공급하는 것이 훨씬 더 낫다고 판단했기 때문입니다. 물론 한 번 용도를 정했다고 해서 변경할 수 없는 것은 아닙니다. 이때 그 판단 기준이 되는 것 중 하나가 전용 수입이지요.

전용 수입이란 한 생산 요소가 현재의 용도에서 다른 용도로 옮겨가지 못하도록 붙잡아 두기 위해서 지불해야 하는 보수를 의미합니다. 경제 외적 요인이 일정불변이라는 가정하에 한 생산 요소가 다른 용도로 옮겨가지 않도록 하기 위해서는, 즉 현재의 직종을 바꾸지 않도록 하기 위해서는 최소한 다른 영역에서 일할 때 받는 보수 또는 그 이상의 보수를 지급해야 합니다. 그런 점에서 전용 수입은 '해당 생산 요소의 기회비용'이라고도 말할 수 있지요.

그럼 이를 토대로 다시 경제 지대에 대해 알아볼까요? 어느 한 생산 요소의 경제 지대는 그 생산 요소가 받는 총 보수에서 전용 수입을 뺀 나머지 값으로 정의됩니다. 다시 말해, 생산 요소에게 지불되는 총 보수 중에서 전용 수입을 빼 준 값이 바로 경제 지대입니다. 자, 이제 여러분의 이해를 돕기 위해 그림을 가지고 전용 수입과 경제 지대의 문제를 설명하겠습니다.

[그림 13]을 보면 노동 수요 곡선 1개와 2개의 노동 공급 곡선, 즉 유명 가수에 대한 노동 공급 곡선과 환경미화원에 대한 노동 공급 곡선이 그려져 있습니다. 또 가수에 대한 노동 공급 곡선 L(1)은 환경미화원에 대한 노동 공급 곡선 L(2)보다 가파르게 그려져 있지요. 이것은 무엇을 의미할까요?

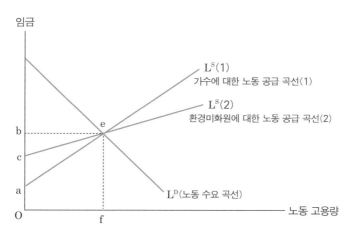

[그림 13] 전용 수입과 경제 지대

노동 공급 곡선이 가파르다는 것은 그만큼 생산 요소의 공급이 요소 가격에 대해 비탄력적임을 말해 줍니다. 이것을 달리 표현하면 그런 직종의 사람들은 사회적으로 희소하기 때문에 설령 많은 돈을 준다고 해도 손쉽게 고용하기 힘들다는 것을 의미하지요. 앞에서도 이야기했듯이 특정 연예인 같은 경우에는 어느 누구도 대체하기 힘들 것이기 때문입니다.

반면에 환경미화원은 건강한 남녀라면, 누구나 그 일을 수행할 수 있습니다. 그래서 환경미화원에 대한 노동 공급 곡선은 비교적 완만하게 그려져 있습니다. 그것은 생산 요소의 공급이 요소 가격에 대해서 탄력적임을 의미합니다. 이는 그런 직종에서는 얼마든지 많은 사람들을 손쉽게 고용할 수 있다는 뜻이기도 합니다.

앞의 그림에서 가수의 전용 수입은 사다리꼴 a0fe입니다. 그리고 가수에 대한 총 보수는 사각형 b0fe입니다. 따라서 가수라는 직업에 대한 경제 지대는 총 보수에서 전용 수입을 빼 준 값, 즉 삼각형 aeb로 정의됩니다.

한편, 환경미화원에 대한 전용 수입은 사다리꼴 c0fe입니다. 그리고 환경미화원에 대한 총 보수는 사각형 b0fe입니다. 따라서 환경미화원이라는 직업에 대한 경제 지대는 총 보수에서 전용 수입을 빼 준 값, 즉 삼각형 ceb로 정의됩니다. 위 그림에서 경제 지대의 크기는 가수가 환경미화원보다 큽니다. 이러한 이유로 경제 현실에서 유명 가수가 벌어들이는 연봉이 환경미화원이 받는 수입보다 더 큰 것입니다.

아빠, 생산물 시장과 생산 요소 시장은 뭐가 다른 거예요?

음. 아주 중요한 질문이구나.

요즘에는 좋아하는 가수의 노래를 어떻게 듣고 있니?

음원을 다운로드 받아서 들어요.

그래. 음원과 같은 상품이 거래되는 시장이 바로 생산물 시장이야.

또 그 음원이 만들어지는 과정에서 투입되는 생산 요소들이 거래되는 시장을 생산 요소 시장이라고 하지.

생산물 시장에서 발생하는 생산자 잉여와 소비자 잉여도 중요해.

총 매출로 10억 원을 계획하고 생산을 했는데, 20억 원의 매출이 발생했으니 생산자 잉여는 10억 원이군.

음악 CD를 10,000원에 사려고 했는데, 인터넷 사이트에서 9,000원에 샀으니까 1,000원의 소비자 잉여가 생겼어.

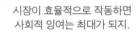

시장이 효율적으로 작동하면 사회적 잉여는 최대가 되지.

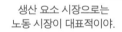

생산 요소 시장으로는 노동 시장이 대표적이야.

이번 달, 음원 저작권료예요.

이것이 바로 임금, 즉 노동에 대한 대가지.

나같이 유명한 가수는 희소성이 크고 비탄력적이기 때문에 경제 지대가 크게 발생해.

돈이라면 얼마든지 드릴 테니 한 번만 출연해 주세요!

# 경쟁의 형태에 따른 시장의 다른 얼굴

**교과서에는**

모든 시장에서 경쟁의 정도가 똑같은 것은 아니며 어떤 시장에서는 경쟁이 매우 제한적으로 나타나기도 합니다. 경쟁의 형태에 따라 시장을 구분하면 경쟁 시장, 독점적 경쟁 시장, 과점 시장, 독점 시장 등이 있습니다.

시장은 경쟁의 형태에 따라 각각 다르게 분류할 수 있습니다. 그중에서도 경쟁이 가장 치열한 시장은 완전 경쟁 시장입니다. 그 다음으로는 독점적 경쟁 시장, 과점 시장, 독점 시장의 순이지요. 특히 독점 시장은 경쟁이 거의 존재하지 않는 시장이라고 말할 수 있어요.

이러한 독점 시장은 철도와 수자원 관리를 비롯한 몇 개의 영역에서 찾아볼 수 있지만, 완전 경쟁 시장은 거의 없다고 보는 게 맞는 말입니다. 우리가 현실에서 자주 접하는 시장의 대부분은 독점적 경쟁 시장이나 과점 시장이지요. 그러면 각각의 시장에 대해서 지금부터 자세히 살펴보겠습니다.

## 완전 경쟁 시장

완전 경쟁 시장은 말 그대로 '완전한 경쟁이 이루어지는 시장'을 지칭합니다. 여기서 경쟁이 완전하다는 것은 그만큼 경쟁이 치열하다는 뜻입니다. 경쟁이 주는 이점에 대해서는 앞에서도 언급해서 다들 잘 알고 있지요? 생산자와 생산자 간, 소비자와 소비자 간, 생산자와 소비자 간의 치열한 경쟁은 상품을 최소 비용으로 생산하게 할 뿐만 아니라 최대 만족을 얻을 수 있는 소비를 하도록 만듭니다. 그런데 이러한 완전 경쟁 시장이 되기 위해서는 매우 까다로운 전제 조건을 충족해야 해요.

먼저 관련 시장에 수많은 소비자와 생산자가 존재해야 합니다. 이는 시장에서 개별 소비자와 생산자가 자기들 마음대로 가격을 올리고 내릴 수 있는 힘, 즉 시장 지배력을 전혀 행사할 수 없다는 것을 시사해 주지요. 이를 통해 우리가 유추해 낼 수 있는 것은 '완전 경쟁에 가까울수록 시장 지배력은 거의 존재하지 않는다.'는 사실입니다.

**교과서에는**

완전 경쟁 시장에서는 판매되는 상품이 동일하고, 거래자의 수가 매우 많아서 개별 소비자와 생산자가 시장 가격에 영향을 미치지 못합니다.

또한 생산자가 판매하는 상품은 내용, 형태, 크기, 품질 등의 측면에서 동일해야 합니다. 그렇게 되면 상품 가격이 동일하게 설정됩니다. 이렇게 하나의 상품에는 반드시 하나의 가격만 존재하는 것을 일물일가의 법칙이라고 하는데, 완전 경쟁 시장에서는 바로 이러한 법칙이 성립하는 것입니다. 이때 가격은 시장에서 주어지는 것이기 때문에 생산자와 소비자는 모두 가격의 수용자가 됩니다.

이 밖에도 완전 경쟁 시장의 중요한 전제 조건 중 하나가 '완전한 정보'입니다. 이는 소비자와 생산자가 상품에 관한 모든 정보를 손쉽게 얻을 수 있어야 한다는 것이지요. 이를테면 가격이 변할 경우, 그에 대한 정보가 소비자와 생산자에게 즉시 전달됨으로써 어떤 소비자도 새로운 시장 가격보다 비싼 가격을 주고 상품을 구입하는 일이 없어야 함을 시사해 줍니다.

마지막으로 생산자가 시장에 들어오는 진입과, 빠져나갈 수 있는 퇴거가 자유로워야 합니다. 이윤을 얻을 기회가 생기면 곧바로 그 시장에 자유롭게 진입할 수 있고, 손해가 발생하는 경우에는 지체 없이 그 시장으로부터 빠져나갈 수 있어야 한다는 뜻이지요. 이때 전자는 진입 장벽이, 후자는 퇴거 장벽이 없음을 의미합니다. 만약 기업의 진입과 퇴거에 제약이 존재하는 경우에는 시장에 존재하는 기업의 수가 한정되어 시장 지배력을 행사할 수 있는 경우이므로 완전 경쟁 시장이라고 말할 수 없습니다.

그런데 완전 경쟁 시장이 되기 위한 위의 전제 조건을 살펴보면서 몇몇 친구들은 "저렇게 까다로운 조건을 다 충족시킬 수 있는 시장이 과연 있을까?"라는 의구심을 가졌을 것입니다. 지금의 시점에서 아주 적절한 질문이라고 할 수 있어요. 그럼 현실의 완전 경쟁 시장은 실제로 어떠한지 한번 살펴볼까요?

어떤 경제학책에서는 농산물 시장과 주식 시장이 완전 경쟁 시장이라고 소개하고 있습니다. 그런데 엄밀하게 말하면 농산물 시장이나 주식 시장은 완전 경쟁 시장이 아닙니다. 단적인 이유를 든다면, 쌀이라고 해서 모두 같은 쌀이 아니기 때문입니다. 보통의 재배 방법에 의해서 생산된 쌀과 친환경 유기농으로 재배한 쌀은 품질 면에서 결코 동일하지 않은 것처럼 말이지요. 당연히 친환경 유기농으로 지은 쌀이 보통 쌀보다 훨씬 비싼 가격으로 거래될 거예요. 실제로 국내에서 생산되는 쌀 가운데 최고 품질의 쌀로 인정받는 경기도 이천의 임금님표 쌀과 다른 지역의 보통 쌀은 같은 품질이라고 보기 어렵지요.

주식 시장도 이와 마찬가지입니다. 주식 시장에서 유통되는 정보는 상당수가 불완전하고 불확실한 정보들입니다. 개미군단이라고 일컬어지는 소액 투자자들이 소위 말하는 작전 세력들의 거짓 정보에 속아 넘어가서 큰 낭패를 당하는 것도 그와 무관하지 않습니다. 따라서 주식 시장도 완전 경쟁 시장이 되기에는 여러 가지 제한이 따른다고 볼 수 있지요.

나는 개인적으로 완벽한 완전 경쟁 시장은 존재하지 않는다고 생각합니다. 그러면 여러분 가운데 어떤 사람은 이런 질문을 던질 수 있을 것입니다. "선생님! 그렇다면 왜 존재하지도 않는 완전 경쟁 시장을 배워야 하는 거죠?"라고 말입니다. 그 이유는 아주 간단하면서도 중요한 경제적 의미를 가집니다.

우리가 완전 경쟁 시장을 체계적으로 학습해야 하는 이유는 완전 경쟁 시장이 독점 시장, 과점 시장, 독점적 경쟁 시장에서 이루어지는 자원 배분, 즉 가격과 거래량 등이 사회적 관점에서 얼마나 바람직하지 않은가를 평가할 수 있는 하나의 기준 내지 잣대가 되기 때문입니다.

### 완전 경쟁 시장에서의 가격 결정 원리

우리가 앞에서 배웠던 시장 균형 가격의 결정 원리와 완전 경쟁 시장에서의 가격 결정 원리는 조금도 다르지 않습니다. 완전 경쟁 시장에서 시장 균형 가격은 [그림 14]에서 보는 바와 같이 모든 소비자의 개별 수요를 횡적으로 합한 시장 수요 곡선과 모든 생산자의 개별 공급을 횡적으로 합한 시장 공급 곡선이 교차하는 점에서 이루

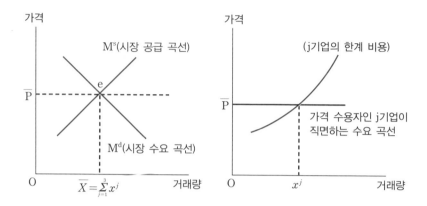

**[그림 14] 완전 경쟁 시장에서 기업의 균형 조건**

어집니다.

개별 수요자와 개별 생산자가 사고파는 재화나 서비스의 양은 시장 전체의 거래량에 비해 미미하기 때문에 그들은 시장 가격의 결정에 아무런 영향력을 미치지 못합니다. 따라서 그들은 모두 시장에서 결정된 시장 균형 가격을 있는 그대로 받아들이는 가격 수용자(price-taker)로서 행동할 뿐입니다.

특히 생산자가 가격 수용자로 행동한다는 것은 위의 오른쪽 그림에서 개별 생산자가 직면하는 수요 곡선이 우하향이 아니라 수평선이라는 것을 시사해 줍니다. 이때의 수평선은 정해진 가격 수준을 나타내며 이렇게 시장에서 결정된 가격을 생산자와 소비자가 수용하게 되는 것입니다.

그렇다면 완전 경쟁 시장에서 나타나는 경제 주체 간의 치열한 경쟁이 사회적 후생에는 어떤 영향을 미칠까요? 결론적으로 말해 경제 주체 간 경쟁이 치열하면 할수록 자원 배분은 효율적으로 이루어지게 되고, 따라서 사회적 후생도 제고되게 됩니다.

일단 완전 경쟁 시장에서 수많은 생산자들끼리 경쟁을 하게 되면, 시장 가격은 하락할 수밖에 없습니다. 경쟁이 치열해지면 시장에서 소비자가 탐낼 수 있는 신제품 개발에 성공하거나 생산 요소를 효율적으로 사용해서 생산 비용을 낮출 수 있는 기업만이 생존할 수 있기 때문입니다. 따라서 완전 경쟁 시장이 충족되면, 소비자가 원하는 재화나 서비스를 최소 비용으로 생산할 수 있게 됩니다.

한편 완전 경쟁 시장에서는 소비자들도 치열하게 경쟁합니다. 소비자들은 자신의 소득 범위 안에서 자신의 주관적인 만족도, 즉 효용을 극대화시키는 소비 활동을 위해서 경쟁합니다. 예를 들어, 1,000만 원짜리 호피 코트가 한 벌 생산되었다고 합시다. 그 옷을 평소 모든 여성들이 원했다고 하더라도 모두가 그것을 사 입을 수 있는 것은 아닙니다. 그 옷을 살 수 있는 돈이 없거나, 돈이 있더라도 호피 코트를 입음으로써 얻게 되는 주관적인 만족도가 1,000만 원보다 작을 경우에는 그 옷의 구매를 포기할 겁니다.

그러면 그 호피 코트는 누가 사게 될까요? 그 옷을 구입하는 사람은 적어도 호피 코트가 자신에게 1,000만 원 이상의 주관적인 만족도를 제공해 준다고 생각하는 사람일 겁니다. 결국 완전 경쟁 시장은 여러 소비자들 가운데 가장 큰 만족을 가지는 사람에게 사회적으로 희소한 상품이 가장 먼저 돌아갈 수 있도록 해 주는 것입니다. 그렇게 되면 많은 사람들이 호피 코트를 마구잡이로 사 입는 것을 막을 수 있기 때문에 호피 코트의 생산에 투입되는 자원의 낭비를 막을 수 있습니다.

결론적으로 말해 완전 경쟁 시장에서의 경쟁은 사회 전체에 매우 긍정적인 영향을 미칩니다. 생산자들끼리의 치열한 경쟁은 기술 혁신이나 생산 비용의 절감을 위한 노력을 통해 가장 좋은 상품을 가장 저렴하게 생산하도록 하는 무언의 압력을 가합니다. 또 소비자들끼리의 치열한 경쟁은 한정된 상품이 그것을 간절하게 원하는 사람에게 최우선적으로 배분되도록 함으로써 사회적으로 희소한 자원이 낭비되지 않도록 조정을 해 줍니다. 물론 그런 과정에서 사회적 만족도가 크게 향상된다는 장점이 있습니다.


## 독점적 경쟁 시장

**교과서에는**

서로 다른 품질의 상품을 생산하는 다수의 생산자들로 구성된 시장을 독점적 경쟁 시장이라고 합니다.

독점적 경쟁 시장은 우리 주변에서 가장 많이 볼 수 있는 시장입니다. 병원, 약국, 목욕탕, 미용실, 세탁소, PC방, 서점, 꽃집, 카페, 음식점 등이 대표적 사례지요. 독점적 경쟁 시장은 완전 경쟁 시장과 유사한 측면도 존재하고, 다른 측면도 있습니다. 한 시장 내에 다수의 생산자가 존재한다는 점, 시장 진입과 퇴거가 비교적 자유롭다는 점은 완전 경쟁 시장과 비슷합니다.

그러나 생산자가 '상품 차별화'를 통해 자신의 단골 고객을 확보

하고, 다소 높은 가격을 요구하는 가격 설정자(price-maker)의 역할
을 담당한다는 것과 광고·품질·디자인을 비롯한 비가
격 경쟁에 주력하는 것은 완전 경쟁 시장과 판이하게 다
른 점입니다. 참고로 완전 경쟁 시장에서는 오로지 가격
경쟁만 존재합니다.

**비가격 경쟁**
시장의 경쟁 가운데 가격 이외의
것, 즉 제품의 질, 디자인, 상표
등을 통해 타회사의 제품과 경쟁
하는 것을 말합니다.

**교과서에는**

같은 재화나 서비스라도 생산자마다 상표나 디자인, 품질, 애프터 서비스 등의 사항에서 약간의 특징적인 차이를 보이는 것을 상품의 차별화 전략이라고 합니다.

그럼 논의 진행에 앞서 상품 차별화에 대한 이야기를 간략하게 해야 할 것 같습니다. 상품 차별화는 생산자마다 하나의 상품을 조금씩 색다르게 만들어 소비자들로 하여금 차별성을 지닌 상품으로 생각하도록 만드는 것을 말합니다.

이를테면 동네 미용실과 유명 헤어 디자이너가 운영하는 헤어숍에서 한 파마는 그 글자는 똑같을지 모르지만 소비자가 느끼는 서비스와 그 가치는 전혀 다릅니다. 동네 미용실의 파마 값과 유명 헤어 디자이너가 운영하는 헤어숍의 파마 값이 다른 이유도 그 때문입니다. 이런 경우에는 완전 경쟁 시장에서처럼 일물일가의 법칙이 더 이상 적용되지 않지요. 바로 그런 것이 상품 차별화의 대표적인 사례입니다.

### 독점적 경쟁 시장에서의 가격 결정 원리

완전 경쟁 시장에서 생산자는 시장에서 결정된 시장 균형 가격을 무조건적으로 수용했습니다. 그런 이유에서 개별 생산자가 직면하는 시장 수요 곡선의 형태가 수평선이었지요. 그렇지만 독점적 경쟁 시장에서는 그런 일이 일어나지 않습니다. 독점적 경쟁 시장에서 생산자는 상품 차별화를 통해 시장 가격의 결정에 어느 정도 영향력을 행사할 수 있기 때문이지요.

그래서 개별 생산자가 직면하는 시장 수요 곡선은 완전 경쟁 시장과 달리 우하향하는 형태를 띱니다. 때문에 개별 생산자는 자신에게 가장 큰 이윤을 보장해 주는 방향으로 가격을 설정해 나갑니다. 일반적으로 독점적 경쟁 시장에서 책정되는 시장 가격은 완전 경쟁 시장에서 결정되는 시장 균형 가격보다 높지요. 생산자가 이렇게 다소 높은 가격을 요구할 수 있는 것은, 다른 생산자와 차별화된 자신의 상품을 단골 고객들이 기꺼이 구매할 의사가 있다는 것을 동물적인 감각으로 알고 있기 때문입니다.

### 독점적 경쟁 시장은 좋은 시장인가, 나쁜 시장인가?

그렇다면 독점적 경쟁 시장은 완전 경쟁 시장에 비해서 좋은 시장일까요, 아니면 나쁜 시장일까요? 결론은 한마디로 딱 잘라서 말하기가 쉽지 않습니다. 독점적 경쟁 시장에서의 시장 가격은 상품 차별화 때문에 완전 경쟁 시장에서의 균형 가격보다 높은 수준에서 결정됩니다.

개별 생산자들에게 있어서 가격 수준이 높다는 것은 반가운 일임에 틀림없습니다만, 개별 소비자 입장에서는 그리 반가운 일이 아닙니다. 생산자가 무늬만 상품 차별화를 추진하면서 그것을 포장하기 위해 많은 돈이 들어가는 광고를 한 후, 그 비용을 상품 가격에 포함시켜 소비자들에게 높은 가격을 요구하는 경우에는 더욱 그렇습니다. 왜냐하면 소비자들은 가급적 낮은 가격에서 질 좋은 상품을 소비하려고 하기 때문입니다.

그렇다고 해서 이를 모두 부정적인 시선으로만 바라보면 곤란합니다. 물론 무늬만 상품 차별화를 하면서 높은 가격을 요구하는 것은 분명 나쁘다고 말할 수 있습니다. 하지만 소비자들의 다양한 개성이나 기호(taste)를 충족시켜주는 진정한 차별화를 시도하면서 높은 가격을 요구하는 것은 수긍할 만한 일입니다. 왜냐하면 소비자들은 다른 사람과 차별되는 자기만의 선호를 추구하는 존재이기 때문입니다.

이처럼 독점적 경쟁 시장에서의 상품 차별화는 긍정적인 측면과 부정적인 측면을 모두 가지고 있습니다. 따라서 독점적 경쟁 시장을 평가할 경우에는 다음과 같은 사항을 종합적으로 고려해서 신중한 판단을 내리는 것이 좋을 것 같습니다.

먼저 상품 차별화가 제대로 이루어지는지를 확인해야 합니다. 또한 생산자가 요구하는 시장 가격이 상품 차별화로 인한 소비자의 주관적인 만족도보다 낮은가, 높은가를 고려해야 합니다. 그리고 마지막으로 상품을 알리기 위한 광고 활동이 과장 광고나 거짓 광고로 이어져서 선량한 소비자들을 현혹하거나 충동구매에 이르도록 유인하는 요소가 있는가, 없는가의 문제를 살펴야 하지요.

## 과점 시장

**교과서에는**

소수의 생산자들에 의해 생산이 좌우되는 시장을 과점 시장이라고 하는데, 이들 간에는 서로 의존성이 크고 다양한 전략과 경쟁 양상이 나타나게 됩니다.

과점 시장이란, 소수의 생산자들이 치열하게 경쟁하면서 상품을 공급하는 시장 형태를 말합니다. 우리 주변에서 쉽게 찾아볼 수 있는 과점 시장의 사례로는 자동차 시장, 가전제품 시장, 이동 통신 시장, 석유 에너지를 공급하는 정유 시장, 타이어 시장 등이 있지요.

어떤 임의의 시장이 과점 시장인가, 아닌가를 판단하는 기준으로는 크게 다섯 가지가 존재합니다. 첫째는 상품을 만들어 파는 생산자들이 소수라는 사실입니다. 게다가 그들 대부분은 높은 시장 점유율을 보유하고 있다는 공통점이 있습니다.

둘째는 진입 장벽이 매우 높다는 점을 들 수 있습니다. 이는 자동차, 가전제품, 타이어, 원유로부터 정제된 휘발유나 경유 등의 시장을 보면 알 수 있어요. 이를 생산하려면 아주 큰 규모의 초기 시설 투자비가 필요하기 때문에 쉽게 시장에 진입하기 어려운 것이지요.

셋째는 생산자들 간에 긴밀한 상호 의존 관계(相互依存關係)가 존재한다는 사실입니다. 과점 시장에서는 생산자가 소수이기 때문에 자기들끼리 서로를 잘 알 수밖에 없습니다. 또한 과점 시장에서는 생산자의 시장 점유율이 크기 때문에 어느 한 생산자가 가격이나 생산량을 변경할 경우, 이는 다른 생산자들에게 엄청난 영향을 미치게 됩니다. 상호 의존 관계가 존재한다는 것은 바로 이런 것들을 의미한다고 볼 수 있습니다.

넷째는 치열한 비가격 경쟁과 함께 가격의 경직적인 현상이 두드러지게 나타난다는 점을 지적할 수 있습니다. 이런 현상이 나타나는 이유를 살펴볼까요? 만약 한 생산자가 가격을 내리면 소비자들이 그 생산자에게로 몰리게 됩니다. 그러면 다른 생산자들도 고객을 빼

> **시장 점유율**
> 시장에서 거래되는 한 상품의 총 판매량에서 한 기업의 상품 판매량이 차지하는 비율을 말합니다.
>
> **상호 의존 관계**
> 여러 가지 경제 요소가 서로 맞물려서 다른 요소의 원인과 결과가 되기도 하는 관계를 말합니다.

앗기지 않기 위해서 가격을 내릴 수밖에 없습니다.

또 어느 한 생산자가 가격을 올리면 다른 생산자들은 고객을 좀 더 확보할 생각에서 가격을 올리지 않을 것입니다. 그러면 더 많은 이윤을 얻기 위해 가격을 올린 기업만 손해를 입게 되겠지요. 이러한 이유로 과점 시장에서는 생산자가 자기 마음대로 가격을 올리거나 내린다는 자체가 말처럼 그리 쉽지 않습니다. 가격 경쟁은 서로에게 불리한 상황을 가져다 주기 때문입니다. 그래서 과점 시장에서의 가격은 경직성을 띠게 될 가능성이 큰 것이지요.

다섯째는 과점 시장에서 활동하는 생산자들이 '제 살 깎아먹기식'의 경쟁을 지양하고 공동의 이윤을 극대화시키기 위해서 카르텔(cartel)과 같은 공동 행위를 하려는 경향이 강하다는 점입니다. 카르텔에 관해서는 뒤에서 자세히 살펴보도록 하지요.

### 과점 시장에서의 가격 결정 원리

과점 시장에서 시장 가격이 어떻게 결정되는지에 관한 내용과 과정은 앞에서 공부했던 완전 경쟁 시장이나 독점적 경쟁 시장만큼 명확하지 않습니다. 그 이유는 과점 시장에서는 소수의 생산자들 간에 치열한 경쟁을 할 것인지, 아니면 카르텔이나 기업 합동과 같은 명시적인 담합 행위를 통해 자신들의 이윤 극대화를 추구해 나갈지 다소 불분명하기 때문입니다.

여기서 카르텔이란 같은 종류의 상품을 생산하고 있는 과점 시장의 생산자들이 특정 상품의 시장을 지배할 목적으로 결성하는 일종의 기업 연합체를 말합니다. 카르텔은 마치 단일 생산자가 여러 개의 공장을 갖고 있는 독점 기업처럼 시장 가격과 시장 판매량을 결정합니다. 이런 이유 때문에 대부분의 국가들은 카르텔의 결성과 유지를 법으로 금지시키고 있습니다. 중동 산유국들을 중심으로 결성된 석유 수출국 기구(OPEC)가 카르텔의 대표적 사례지요.

OPEC의 공식기

**석유 수출국 기구**
1960년에 바그다드에서 이란을 비롯한 5대 석유 수출국이 국제 석유 자본에 대한 발언권을 강화하기 위하여 결성한 기구로, 현재 중동 산유국을 중심으로 13개 산유국이 가입하고 있습니다.

또한 카르텔은 기업 상호 간에 경쟁의 제한이나 완화를 목적으로 동종 또는 유사 산업 분야의 기업 간에 결성되는 일종의 기업 연합입니다. 때문에 카르텔 협정에 의해서 성립되는데, 이 협정 사항에 따라서 가맹 기업들의 활동상에 일부 제약이 따르긴 하지만 기업으로서의 법률적인 독립성은 잃지 않는다는 특성이 있습니다.

만약 과점 시장의 소수 생산자들이 카르텔을 결성해서 잘 지켜나간다면, 그들은 독점 시장의 생산자처럼 행동할 것입니다. 즉 시장 가격은 완전 경쟁 시장이나 독점적 경쟁 시장보다 높게 책정하고, 상품의 시장 공급량은 크게 줄일 것입니다. 그로 인해 소비자들은 적은 양의 상품을 비싸게 구입해서 소비할 수밖에 없습니다. 이는 결국 소비자의 후생 감소로 이어집니다. 여기서 말하는 후생 감소란, 상품 가격의 상승에 따른 소비자의 실질 소득과 상품 소비량의 감소, 그리고 거기에서 비롯된 소비자의 삶의 질 하락을 말합니다.

반면 과점 시장에서 생산자들 간의 카르텔이 붕괴되고 서로 경쟁

하게 된다면 시장 가격은 하락할 수밖에 없습니다. 그 이유는 다른 생산자들이 높은 가격을 유지하고 있는 상황에서, 어느 한 생산자만 가격을 내리면 그 생산자는 판매량의 증가로 많은 판매 수입을 거둘 수 있기 때문입니다. 그러나 그런 상황은 그리 오래가지 못합니다.

생산자 간에 상호 의존 관계가 심한 과점 시장에서는 다른 생산자들이 자신의 판매량 감소를 결코 좌시하지 않기 때문입니다. 다른 생산자들이 잇따라 가격을 인하한다면, 맨 처음 가격 인하를 단행한 생산자는 당초에 의도한 목적을 달성하지 못하게 됩니다. 그리고 과점 시장에서 생산자들 간에 가격 인하 경쟁을 멈추는 시점은 '가격을 인하해도 더 이상 판매 수입이 증가하지 않는 수준'이 되겠지요. 만약 과점 시장에서 생산자들이 카르텔을 결성하지 않고 상호 경쟁을 한다면, 시장 가격은 하락할 것입니다.

하지만 일반적으로 과점 시장의 균형 가격은 완전 경쟁 시장에서 이루어지는 균형 가격보다는 높은 수준에서 결정되는데 그 이유는 간단합니다. 과점 시장에서는 새로운 생산자의 시장 진입을 가로막는 진입 장벽이 존재하기 때문에 완전 경쟁 시장에서처럼 시장 가격이 생산 비용 수준까지 내려갈 수가 없습니다. 따라서 과점 시장에서 결정되는 가격은 완전 경쟁 시장보다 높습니다.

한편, 과점 시장의 생산자들이 카르텔을 구성하고 그것을 잘 유지하는 데 성공할 경우에, 그들은 하나의 독점 기업처럼 시장 수요를 파악한 후 자신들에게 가장 이익이 되는 가격과 생산량을 결정합니다. 그런데 그 수준은 독점 기업과 똑같은 수준이기 때문에 정부는 그 직접적인 피해가 소비자들에게 돌아가지 않도록 카르텔을 법으로 금지시키는 것입니다.


## 독점 시장

독점 시장이란, 상품 공급이 하나의 생산자에 의해서만 이루어지는 독점 시장은 생산자가 오직 하나만 있는 경우를 말하며, 경쟁이 전혀 나타나지 않기 때문에 생산자가 가격에 영향을 미칠 수 있습니다.

시장을 말합니다. 독점 시장의 대표적 사례로는 담배와 홍삼의 판매를 전담하는 KT&G, 상하수도, 한국 전력, 철도청 등이 있습니다. 그렇다면 독점 시장의 특징은 무엇일까요?

먼저 독점 시장은 하나의 생산자만 존재한다는 점을 들 수 있습니다. 따라서 독점 생산자는 완전 경쟁 시장의 시장 수요 곡선과 같이 우하향하는 수요 곡선에 직면하게 됩니다. 이때 독점 생산자가 상품의 공급량을 증가시키면 가격이 하락하고, 공급량을 감소시키면 가격은 상승합니다. 때문에 독점 생산자는 시장 가격의 결정에 큰 영향력을 행사할 수 있지요.

완전 경쟁 시장에서는 개별 생산자가 시장 가격을 그대로 받아들이는 가격 수용자로서 행동하기 때문에 시장 지배력이 전혀 없습니다. 그러나 독점 생산자는 가격 설정자(price-maker)로서 자신이 원할 경우, 시장 가격을 임의대로 결정할 수 있는 엄청난 시장 지배력을 행사할 수 있습니다.

또한 독점 생산자는 다른 경쟁 생산자들로부터 도전을 받지 않는다는 특징이 있습니다. 완전 경쟁 시장에서는 무수히 많은 생산자들이 동질의 상품을 생산하기 때문에, 어느 한 생산자가 생산하는 상품은 다른 생산자들이 생산하는 상품과 완전한 대체 관계를 이루면서 피 튀기는 경쟁을 하기도 합니다. 그러나 독점 생산자가 공급하는 상품의 경우에는 그에 필적할 만한 대체재가 존재하지 않기 때문에 완전 경쟁 시장처럼 치열한 경쟁은 찾아보기 힘듭니다.

### 독점 시장의 발생 원인

독점 시장은 다른 생산자들이 해당 시장으로 진입하지 못하게 하는 장벽이 높기 때문에 발생합니다. 이러한 진입 장벽을 구성하는 내용으로는 크게 네 가지를 들 수 있습니다.

첫째는 어떤 재화나 서비스를 생산하는 데 사용되는 원재료를 독점적으로 소유하는 경우입니다. 19세기 말에 미국의 스탠더드 석유 회사가 미국의 유전과 운송망을 지배함으로써 다른 석유 회사들을 석유 산업에서 몰아냈던 것이 하나의 사례입니다.

둘째는 정부에 의한 특허권, 상표권, 인·허가 등을 통해 법의 보호 하에 독점의 지위를 누리게 되는 경우입니다. 과거 빌게이츠가 설립한 마이크로소프트사가 개발한 윈도(Windows)에 대해서 미국 정부가 독점 판매를 허용하고 불법 복제를 엄단했던 것이 대표적 사례입니다. 미국 정부가 그런 조치를 취했던 것은 기술 혁신을 촉진함으로써 경제 성장이나 국가 경쟁력 향상을 도모하기 위한 것이었지요.

셋째는 규모의 경제에 따른 자연 독점의 등장입니다. 규모의 경제라 함은 '생산 수준이 높아질수록 생산 단가가 낮아지는 현상'을 지칭합니다. 특히 규모의 경제는 전력, 상수도, 정보 통신, 철도 등과 같이 거액의 초기 투자비가 들어가는 공익사업에서 주로 발생합니다. 이런 산업에서는 한 생산자가 공급을 독점할 때, 가

한국 전력 공사는 규모의 경제가 나타나는 자연 독점의 대표적인 기관입니다.

장 싼 값으로 공급할 수 있기 때문이지요. 이런 과정에서 필연적으로 발생하는 독점을 경제학에서는 자연 독점이라고 정의합니다.

자연 독점은 생산 측면에서는 가장 싼 가격에 생산할 수 있기 때문에 효율적이지만, 소비자들의 입장에서는 독점의 피해가 나타날 수도 있습니다. 따라서 대부분의 국가들은 자연 독점 상태에 있는 생산자가 적당한 가격을 유지하도록 정부 규제를 엄격하게 하고 있는 실정입니다.

넷째는 정부가 특수한 목적을 위해서 어느 특정의 생산자를 지정해서 독점적 지위를 부여해 주는 경우를 들 수 있습니다. 정부가 재정수입을 목적으로 KT&G로 하여금 담배와 홍삼의 생산 및 판매의 독점권을 부여해 준 것이 하나의 사례입니다.

### 독점 시장의 가격 결정 원리

완전 경쟁 시장에서는 시장 균형 가격이 수평의 시장 수요 곡선과 시장 공급 곡선이 만나는 점에서 결정되고 개별 생산자들은 시장 균형 가격을 주어진 것으로 받아들인다는 것을 공부한 바 있습니다. 그러면 독점 시장에서는 어떤 방식으로 가격을 결정할까요?

독점 시장에서 독점적 지위를 갖고 있는 생산자는 대체재가 전무한 상품을 공급하기 때문에 가격을 인상해도 손님을 다른 경쟁 생산자들에게 빼앗길 염려가 조금도 없습니다. 이런 상황에서 독점적 지위를 갖고 있는 생산자는 가격 수용자가 되기를 거부합니다. 왜냐하면 가격 설정자가 됐을 때 훨씬 더 많은 이익을 챙길 수 있기 때문입니다.

이를 위해 독점적 지위를 갖는 생산자는 자신이 공급하는 상품에 대한 시장 수요를 면밀하게 조사하고 분석할 것입니다. 그런 다음, 가격과 시장 수요량 간의 관계를 면밀하게 검토하여 자신에게 가장 큰 이익을 보장해 주는 가격이 어느 수준인지 냉철하게 분석하겠지요. 이때, 독점적 지위를 갖는 생산자가 결정하는 독점 가격은 완전 경쟁 시장에서 결정되는 시장 균형 가격보다 매우 높은 수준에서 결정됩니다.

그렇다고 해서 독점적 지위를 갖는 생산자가 시장 수요를 무시하고 자기 멋대로 터무니없이 높은 가격을 제시할 수 있을까요? 아마 그렇게 하지는 못할 것입니다. 왜냐하면, 소비자들이 상품에 대해 기꺼이 지불하고자 하는 가격보다 더 높은 가격을 요구할 경우, 대다수의 소비자들은 독점적 지위를 갖는 생산자가 제공하는 상품 구매를 미련 없이 포기할 것이기 때문입니다.

### 독점 시장을 어떻게 평가할 것인가?

완전 경쟁 시장과 독점 시장을 비교해서 평가하면 크게 세 가지 정도로 요약할 수 있습니다. 먼저 독점 시장에서 결정되는 가격과 거래량을 완전 경쟁 시장과 비교해 보면, 시장 가격은 더 높게 설정되고 거래량은 더 낮은 수준에서 결정되는 것을 알 수 있을 것입니다. 이로 인해 소비자의 후생은 감소할 수밖에 없습니다. 이는 전보다 더 적은 양의 상품을 비싼 가격에 소비함으로써 소비자의 삶의 질이 하락한다는 뜻입니다. 이는 우리가 배운 소비자 잉여가 줄어든다는 것을 시사하기도 합니다.

또한 독점 시장에서 생산자는 독점적 지위를 이용해서 많은 부(富)를 모을 수 있습니다. 물론 기술 혁신에 따른 독점으로 많은 돈을 번다는 것은 사회적으로 충분히 용인될 수 있지만, 원재료의 독점이나 정부에 대한 로비를 통해 독점권을 확보하여 많은 이윤을 챙기는 것에 대해서는 사회적인 비판을 받아야 마땅합니다. 독점적 지위에 따른 독점 생산자의 막대한 이익은 소득 분배를 악화시키게 됨을 부인하기 어렵기 때문이지요.

마지막으로는 기술 혁신에 미치는 효과의 차이를 들 수 있습니다. 이는 한마디로 평가하기가 매우 곤란합니다. 독점적 지위로 인해 많은 돈을 번 생산자는 연구 개발 투자를 위한 자금의 여력이 있기 때문에 기술 혁신에 적극적일 수 있습니다. 그러나 경쟁자가 없기 때문에 기술 혁신에 열심히 임할 유인이 없다는 주장을 하는 사람도 적지 않습니다. 결론적으로 말해 독점 시장은 우리 사회에 미치는 긍정적인 효과와 함께 부정적인 효과도 많다는 것을 기억하기 바랍니다.

시장은 경쟁의 형태에 따라 다양하게 구분될 수 있어요. 그중 가장 효율적인 시장은 완전 경쟁 시장이지요.

이를 충족하기 위해서는 여러 가지 조건이 충족되어야 하지요.

현실에서는 쉽게 찾아보기 힘들지.

독점적 경쟁 시장의 생산자는 상품의 차별화 전략으로 경쟁해요.

여기가 세계 헤어 대회에서 우승한 디자이너가 있는 곳이래.

나도 가보고 싶다!

디자이너 선생님, 가격은 어떻게 할까요?

나의 파마는 가치가 다르니, 30% 비싸게!

과점 시장은 소수의 생산자가 경쟁을 하지 않고, 담합을 하기 쉬워요.

우리 두 회사가 함께 가격을 인상하면 판매량은 감소하지 않을 거요.

독점 시장에서는 기업의 횡포가 발생하기 쉬우므로

시설이 낙후 되어서 사고가 날 수 있는데….

괜찮아. 어차피 열차의 공급은 우리만 가능하니, 비용이나 올리자고.

견제가 필요하다.

잘할게요.

경쟁이 제대로 이루어지지 않을수록 시장은 효율성을 잃어버리게 되지요.

수요와 공급의 원리에 따라 설정된 균형 가격이 시장에서 제대로 힘을 쓸 수 없기 때문이에요.

# "다른 모든 조건이 같다면……."

완전한 시장은 거래에 참여한 경제 주체 모두에게 이익을 가져다줄 수 있습니다. 특히 일부 경제학자들 사이에서는 시장에서 결정된 가격이 신호 역할을 하며 균형점을 찾아가기 때문에, 시장에서 발생하는 문제들도 시간이 지나면 해결될 거라는 기대가 자리 잡고 있습니다. 그렇다면 이러한 균형 가격은 어떤 원리로 결정되는 것인지 다시 정리해 볼까요?

이는 우리가 앞에서도 배운 것처럼 수요와 공급의 원리로 생각해 볼 수 있습니다. 우하향하는 수요 곡선과 우상향하는 공급 곡선의 만남은 가위의 윗날과 아랫날이 만나서 종이를 자르는 것 같은 효과를 가져다줍니다. 따라서 수요와 공급 중 어느 하나가 더 중요한 역할을 하는 것이라고는 할 수 없지요. 나는 이 아이디어를 통해 고전 학파와 한계 효용 학파의 논쟁을 한 번에 정리했답니다.

그리고 더 나아가서 수요와 공급을 변화시키는 다른 요인과의 관계를 '탄력성'이라는 개념을 들어서 설명했어요. 두 번째 수업에서 살펴본 것처럼 수요량은 가격에 따라서 달라지며 수요는 소비자의 선호나 소득 수준, 관련 재화의 가격 변화 등의 요인에 따라서 달라집니다. 이렇게 특정한 변수에 대해 수요가 어떻게 변하는지, 다시 말해 얼마나 탄력적으로 변화하는지를 알아보기 위해 탄력성을 측정한 거예요. 이를 테면 수요(공급)의 가격 탄력성, 수요(공급)의 소득 탄력성 등의 관계를 수치로 계산해 낼 수 있지요.

그런데 현실에서 수요나 공급에 영향을 끼치는 변수는 다양하게 존재하고 있습니다. 그래서 특정 변수에 따른 변화만을 정확하게 측정하려면, 다른 변수들의 영향을 제한시켜야 합니다. 다시 말해, 다른 변수들은 변화가 없다고 전제하고 특정 변수에 의한 변화만을 비교해서 측정하는 것입니다. 마치 다른 요인들을 울타리 안에 가둬놓고 한 가지 요인씩 꺼내서 분석하는 방법이라고 생각하면 쉬울 거예요. 이는 나의 유명한 저서 『경제학 원리』에도 잘 나와 있지요.

시간이라는 요소는 경제 연구가 어려운 주된 원인으로서, 우리는 제한된 능력을 가지고 한 걸음 한 걸음 나아갈 수밖에 없다. 복잡한 문제를 분해할 때 우리는 연구를 방해하는 교란 요인들을 당분간 '세테리스 파리부스'라고 부르는 울타리에 격리시킨다.

—『경제학 원리』

이것이 바로 그 유명한 '세테리스 파리부스(ceteris paribus)'라는

가정으로, '다른 모든 조건이 같다면'이란 뜻입니다. 물론 이 방법
은 내가 맨 처음으로 만든 것은 아니지만 나를 통해 분석 방법의
체계가 확실하게 구축됨으로써 지금까지 널리 사용되고 있지요.
앞으로 경제 공부를 하다 보면 많이 접하게 되는 문구가 될 테니
기억해 두세요.

　그럼 마지막으로 여러분에게 경제학에 대한 나의 생각에 대해 간
단히 이야기하고 마칠게요. 사실 경제학이라는 말을 가장 먼저 사용
한 사람이 바로 나, 마셜입니다. 내가 경제학이라는 학문을 연구하
며 가장 중요하게 생각했던 것은, 경제학이 현실에서 모두에게 필요
한 도구가 됨으로써 윤리적인 힘을 잃지 않는 것이었습니다. 비록

자본주의를 지지했으나, 궁극적으로는 빈곤을 해결할 수 있는 따뜻한 경제학을 연구하기 위해 노력했지요. 여러분도 열심히 경제를 공부하면서 이러한 뜻을 잃지 않았으면 좋겠습니다. 이것이 바로 내가 말한 '차가운 머리와 따뜻한 마음'의 실천일 것입니다.

**2006학년도 수능 20번**

다음 그림은 생산자와 관련된 세 가지 기준을 통해 A~C 유형의 시장을
비교한 내용이다. 옳은 설명을 〈보기〉에서 모두 고른 것은? [3점]

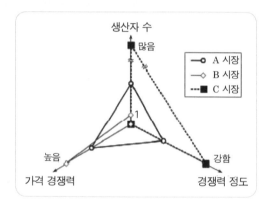

〈보기〉

> ㄱ. A시장은 C시장에 비해 가격 기구가 효과적으로 작동
> 한다.
> ㄴ. B시장은 다른 두 시장과 비교해 생산자 간의 공정한 경
> 쟁이 가능하다.
> ㄷ. C시장에서는 새로운 생산자의 시장 진입이 B시장보다
> 쉽다.
> ㄹ. C시장과 비교할 때, B시장은 경쟁이 제한되어 자원 배
> 분이 비효율적으로 이루어지기 쉽다.

① ㄱ, ㄴ        ② ㄱ, ㄷ        ③ ㄴ, ㄷ

④ ㄴ, ㄹ        ⑤ ㄷ, ㄹ

## ● 기출 문제 활용 노트 답안

### 〈2006학년도 수능 20번〉 답 ⑤

이 문제에서 A는 과점 시장을, B는 독점 시장을, C는 완전 경쟁 시장을 의미합니다. 먼저 C시장을 보면 생산자 수가 가장 많고 경쟁의 정도도 가장 강하며 가격 경쟁을 하지 않기 때문에 완전 경쟁 시장임을 알 수 있습니다. 반대로 B시장은 생산자 수가 하나이고 경쟁도 없기 때문에 가격 설정자로서의 힘을 가지는 독점 시장인 것입니다. 결과적으로 B시장과 C시장의 중간 정도의 수준인 A시장은 과점 시장임을 알 수 있지요.

따라서 가격 기구가 효과적으로 작동하는 것은 완전 경쟁 시장인 C시장입니다. 그리고 B시장은 독점 시장으로서 생산자 간의 공정한 경쟁이 가장 이루어지기 힘들지요. ㄷ의 설명처럼 새로운 생산자의 시장 진입이 쉬운 것은 완전 경쟁 시장인 C시장입니다. 또한 완전 경쟁 시장인 C시장에 비해 독점 시장인 B시장은 경쟁이 제한되어 자원 배분이 비효율적으로 이루어지기 쉽습니다. 그래서 답은 ㄷ과 ㄹ이 되지요.

◐ 찾아보기

경제학자가 들려주는 경제 이야기 08

# 마셜이 들려주는 시장과 가격 이야기

© 김덕수, 2011

초판 1쇄 발행일  2011년 8월 2일
초판 4쇄 발행일  2020년 12월 31일

지은이    김덕수
그린이    남기영
펴낸이    정은영

펴낸곳    (주)자음과모음
출판등록  2001년 11월 28일 제2001-000259호
주소      04047 서울시 마포구 양화로6길 49
전화      편집부 02) 324-2347  경영지원부 02) 325-6047
팩스      편집부 02) 324-2348  경영지원부 02) 2648-1311
이메일    jamoteen@jamobook.com

ISBN  978-89-544-2558-2 (44300)

• 이 책은 저작권법에 따라 보호받는 저작물이므로 무단 전재와 무단 복제를 금하며,
  이 책 내용의 전부 또는 일부를 이용하려면 반드시 저작권자와 (주)자음과모음의 서면 동의를
  받아야 합니다.
• 책값은 뒤표지에 있습니다.
• 잘못된 책은 교환해 드립니다.

# 역사공화국 한국사법정 (전 60권)
# 세계사법정 (31권 출간)

## 교과서 속 역사 이야기, 법정에 서다!
## 법정에서 펼쳐지는 흥미로운 역사 이야기

흔히들 역사는 '승자의 기록'이라 말합니다. 그래서 대부분의 역사 교과서나 역사책은 역사 속 '승자' 만을 중심으로 이야기하지요. 그렇다면 과연 역사는 주인공들만의 이야기일까요?

역사 속 라이벌들이 한자리에 모여 재판을 벌이는 역사공화국 한국사 · 세계사법정에서는 교과서 속 역사 이야기가 원고와 피고, 다채로운 증인들의 입을 통해 소송을 벌이는 '법정식' 구성으로 극적 재미를 더하고 있습니다. 이를 통해 독자는 역사 속 인물들의 치열한 공방을 따라가며 역사를 입체적으로 살펴볼 수 있습니다.